HÖRTRAINING 2
SIGI BUSCH

ADVANCE MUSIC

© 1995 Advance Music

Alle Rechte, auch das der fotomechanischen Wiedergabe (einschließlich Fotokopie) vorbehalten.

Einbandgestaltung: Traugott Bratic

Notensatz: Hans-Jörg Rüdiger

Textsatz: Hans-Jörg Rüdiger

Druck und buchbinderische Verarbeitung: TC Druck, Tübingen

72108 Rottenburg N., Germany

EINFÜHRUNG

Für den Umgang mit diesem Buch und dem Tonträger möchte ich aufgrund der schon gemachten Erfahrungen mit Schülern, Studenten, Kursteilnehmern etc. folgende ›Gebrauchsanweisung‹ vorschlagen.

Die meisten MusikerInnen und solche, die es werden wollen, haben schon mal was ›runtergehört‹ von Platten, Kassetten oder ähnlichem. Aber – wenn's mal klemmt, hilft vielleicht die folgende Checkliste.

1. Hören Sie sich die zu notierende Aufgabe erst einmal vollständig an. Überlegen Sie, ob Ihnen irgendetwas bekannt vorkommt. Falls ja, notieren Sie das zuerst. (Nehmen Sie dazu ein Notenblatt, damit Sie dieses Heft mehrmals verwenden können.) Dann folgen Sie weiter diesem Schema:

2. Starten Sie die zu lösende Aufgabe mit der entsprechenden Track-Nummer. Notieren Sie die Form: Wieviel Takte? Gibt es Wiederholungen?

3. Konzentrieren Sie sich dann auf ein bestimmtes Instrument, das Sie zuerst notieren. Starten Sie die Aufgabe und drücken Sie nach kurzer Zeit (2-4 Taktschläge) auf die Taste ›Pause‹.

4. Nun versuchen Sie, das Gehörte auf Papier zu bringen. Wenn es nicht klappt, zurückspulen mit der Taste ›Search‹ und nochmal hören. Falls Ihr CD-Spieler über die Funktion ›Loop‹ bzw. ›Wiederholen‹ verfügt, hören Sie sich den betreffenden Abschnitt mehrmals an. Singen Sie die Stelle wenn möglich laut mit und verinnerlichen Sie das Gehörte. Ihr ›inneres Ohr‹ hilft Ihnen bei der Transkription.

5. Der nächste Schritt ist der nun folgende Takt, bzw. der Bereich, den Sie ohne Mühe überblicken können.

6. Auf diese Art und Weise kommen Sie Schritt für Schritt bis ans Ende der Aufgabe.

7. Sind weitere Stimmen zu notieren, zurück zum Anfang und dann das gleiche Verfahren wie oben.

Die Zeitanzeige des CD-Spielers ermöglicht Ihnen, den gewünschten Punkt sehr genau anzusteuern und den abzuhörenden Bereich überschaubar zu halten. Zerlegen Sie eine größere Aufgabe in mehrere kleine Schritte. So ist es einfacher, Aufmerksamkeit und Konzentration über längere Zeit zu erhalten. Mit zunehmender Erfahrung wächst auch die Fähigkeit, längere und komplexere Aufgaben zu lösen.

NOTATIONSHILFE

Häufig ergibt sich die Frage, welche Note auf welcher Zählzeit des betreffenden Taktes notiert wird. Dafür gibt es folgende Hilfe:

Beim Anhören – oder besser noch beim Nachsingen – der zu notierenden Phrase klopfen Sie die auf das Metrum fallenden Viertel (im 4/4 Takt die sog. ›downbeats‹ auf den Zählzeiten 1, 2, 3 und 4) mit einer Hand, die dazwischen fallenden Schläge (die sog. ›offbeats‹ auf 1und, 2und usw.) mit der anderen Hand. Nun können Sie sehen, hören und fühlen, auf welchen Zählzeiten die einzelnen Töne plaziert sind. Ganz pfiffige Menschen bringen es fertig, jeden ›downbeat‹ mit einem anderen Finger zu klopfen, um so die Zählzeiten noch besser zu markieren.

Erfahrungsgemäß sind die Talente in den verschiedenen Bereichen Rhythmus, Melodie, Harmonie, Klang und Form bei jedem Menschen verschieden stark ausgeprägt. Das bedeutet, daß Ihnen persönlich einzelne Aufgaben schwerer oder leichter fallen als anderen MusikerInnen. Finden Sie selbst heraus, wo Ihre Stärken und eventuellen Schwächen liegen. Entwickeln Sie eigene, über den Rahmen dieses Buches hinausgehende weiterführende Aufgaben, um Defizite auszugleichen.

Notation von lebendiger Musik ist von vornherein problematisch. Phrasierung und Akzentuierung werden bei der herkömmlichen Schreibweise kaum berücksichtigt – sie würden sicher auch das Notenbild mit zuviel Information überladen und damit das Notenlesen erschweren.

Für das Spielen von Jazz- und Rockmusik haben sich eigene Regeln und Gesetzmäßigkeiten gebildet.

Man unterscheidet zwischen ›binärer‹ Phrasierung im Rock und der lateinamerikanischen Musik, und ›ternärer‹ Phrasierung im Jazz.

Binäre Achtel werden gleichmäßig gespielt, also genau wie notiert.
Ternäre Achtel werden wie folgt ausgeführt:
- Die auf das Metrum fallenden Achtel werden so gespielt, wie sie notiert sind.
- Die zwischen das Metrum fallenden Achtel werden als dritte Achteltriole gespielt.

aber: je schneller das Tempo, desto mehr gleicht sich die ternäre der binären Phrasierung an.

Noch ein paar Hinweise zur Schreibweise der Harmoniesymbole und der Instrumente:

In diesem Buch wird durchgängig, wie in Jazz, Rock und Pop üblich, die amerikanische Schreibweise ›B‹ für den Ton ›H‹ (im Deutschen) verwendet. Eine Legende der verwendeten Harmoniesymbole finden Sie auf Seite 44.

Einige Aufgaben in diesem Buch sind mit Baß und Gitarre eingespielt. Beide Instrumente werden eine Oktave höher notiert, als sie tatsächlich klingen!

SCHLAGZEUGNOTATION

Für die in diesem Buch verwendete Schlagzeugnotation gilt folgende Legende:

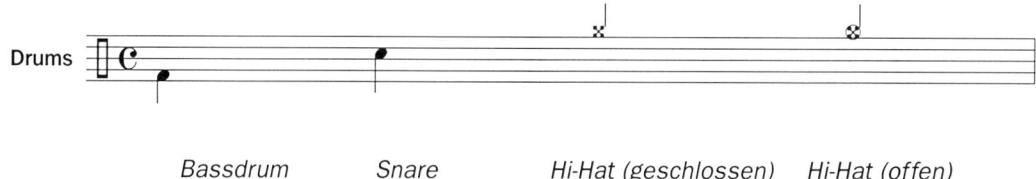

LEKTION 1

A) MELODIE

TRACK 1

Notieren Sie die Aufgaben, die auf der CD vorgespielt werden.

Aufgabe 1

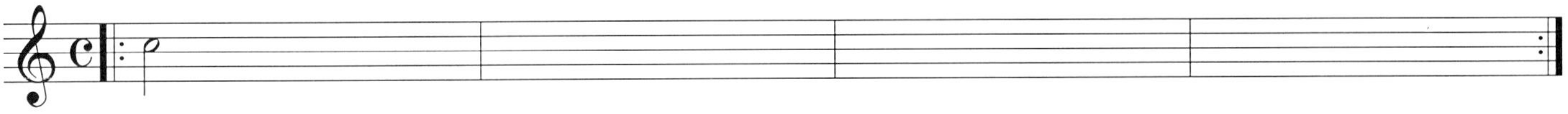

Aufgabe 2

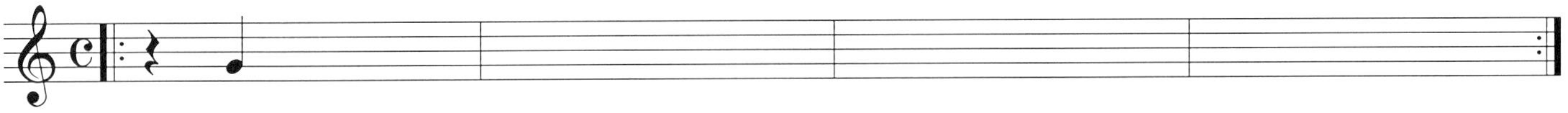

Aufgabe 3

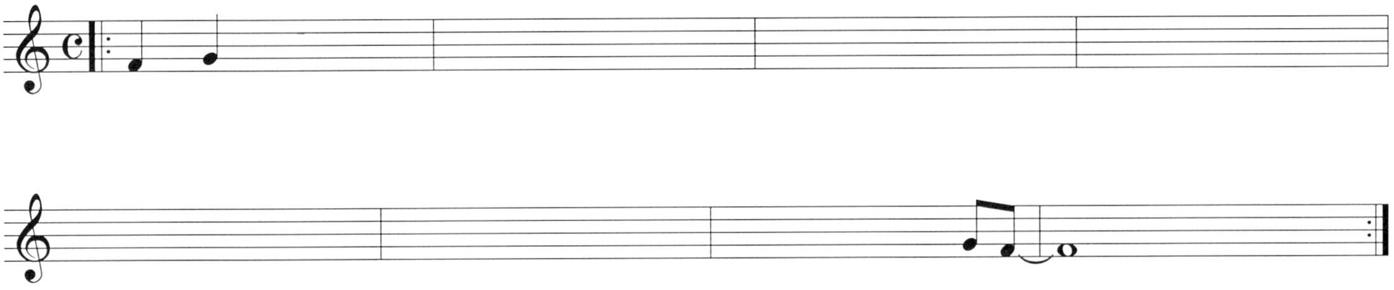

Aufgabe 4

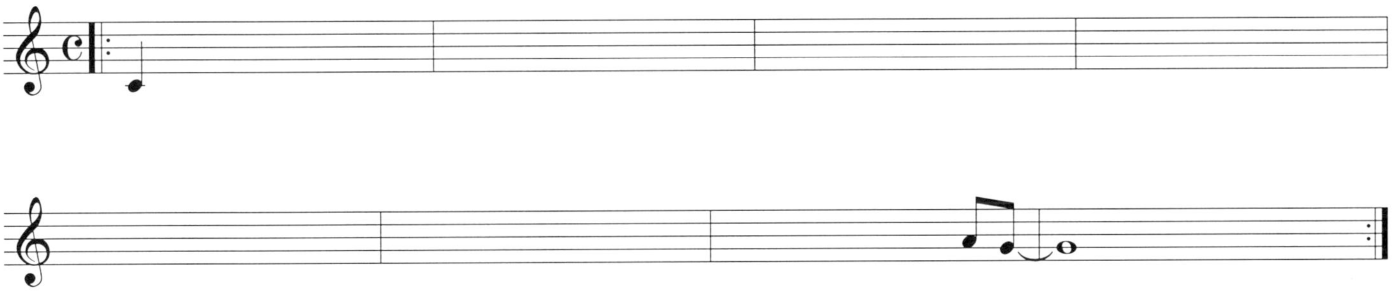

ARTIKULATION

Obwohl einzelne Notenwerte, wie z.B. mehrere Achtelnoten hintereinander, auf dem Papier völlig gleich aussehen, werden sie unterschiedlich gespielt. Eine bestimmte Art der Artikulation ist allgemein üblich.

Die dabei benutzten Zeichen bedeuten:

- − = lang, entsprechend der gesungenen Silbe ›duh‹, auch bei Achtelnoten
- ∧ = kurz, entsprechend der gesungenen Silbe ›dot‹, auch bei Viertelnoten
- > = diese Note erhält einen Akzent durch stärkere Betonung, wird aber genau entsprechend ihrem Notenwert ausgehalten

TRACK 2

LEKTION 1
B) RHYTHMUSDIKTATE

Notieren Sie im folgenden die Gitarre nur rhythmisch auf dem Ton B.

Beispiel

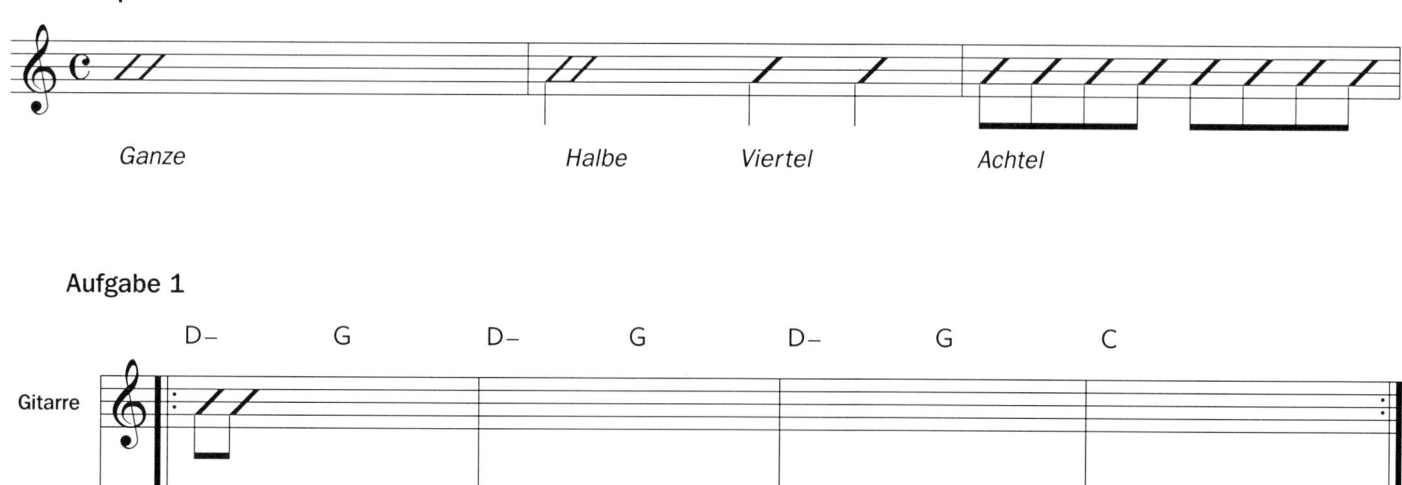

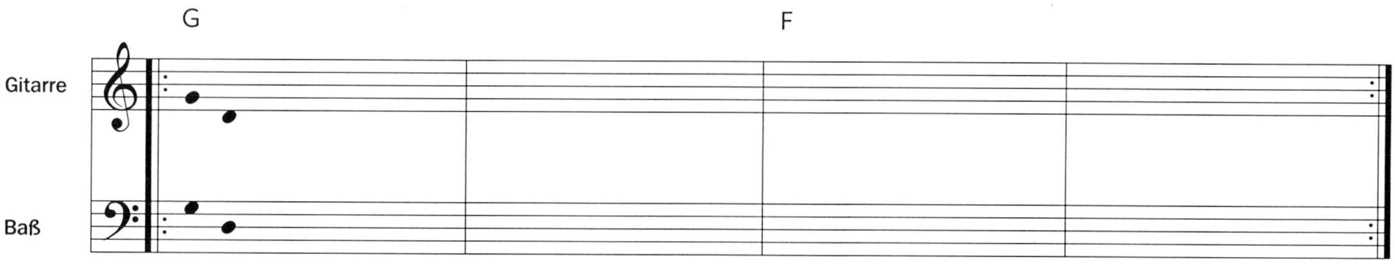

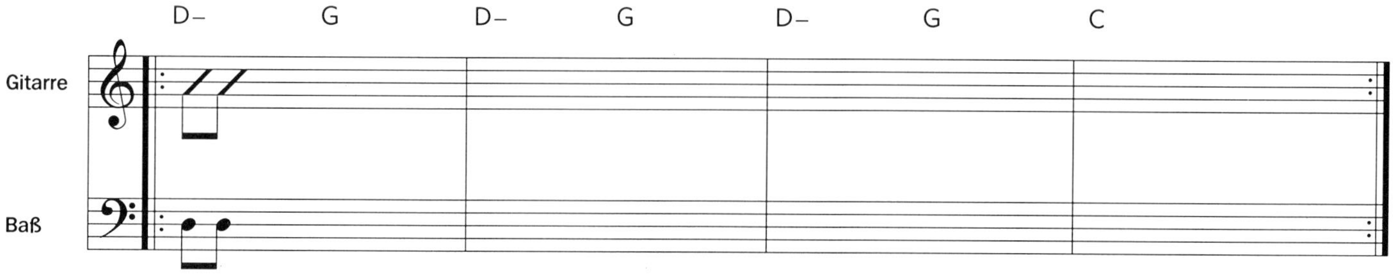

Die folgenden Rhythmusdiktate haben diesen Ablauf:

1. Ein zweitaktiges Motiv wird gespielt.
2. In den nächsten zwei Takten versuchen Sie, das Motiv zu wiederholen.
3. Das Motiv wird nochmals gespielt.
4. Sie singen das Motiv zusammen mit der nochmaligen Wiederholung auf der CD.

Anschließend notieren Sie den Rhythmus.

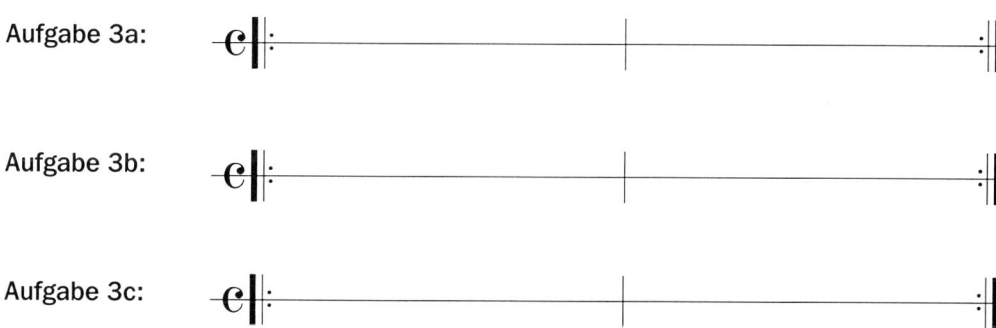

LEKTION 1
C) HARMONIE

TRACK 3

Hier gehen Sie so vor:

Takt 1 – Sie hören auf der CD den Grundton eines Dreiklangs.
Takt 2 – Sie singen oder spielen den Akkord ab Grundton in vier Vierteln.
Takt 3 – Die Akkordbrechung wird nun auf der CD gespielt.
Takt 4 – Zu dem auf der CD gespielten Akkord singen oder spielen Sie den Akkord abwärts ab dem Grundton.

Ein Beispiel

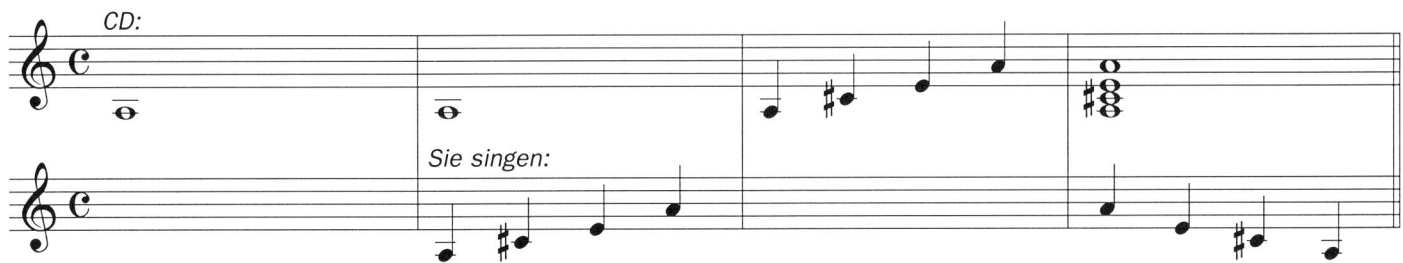

Aufgabe 1

Viertaktige Akkordfolgen in Grundstellung (Grundton, Terz, Quinte, Oktave).

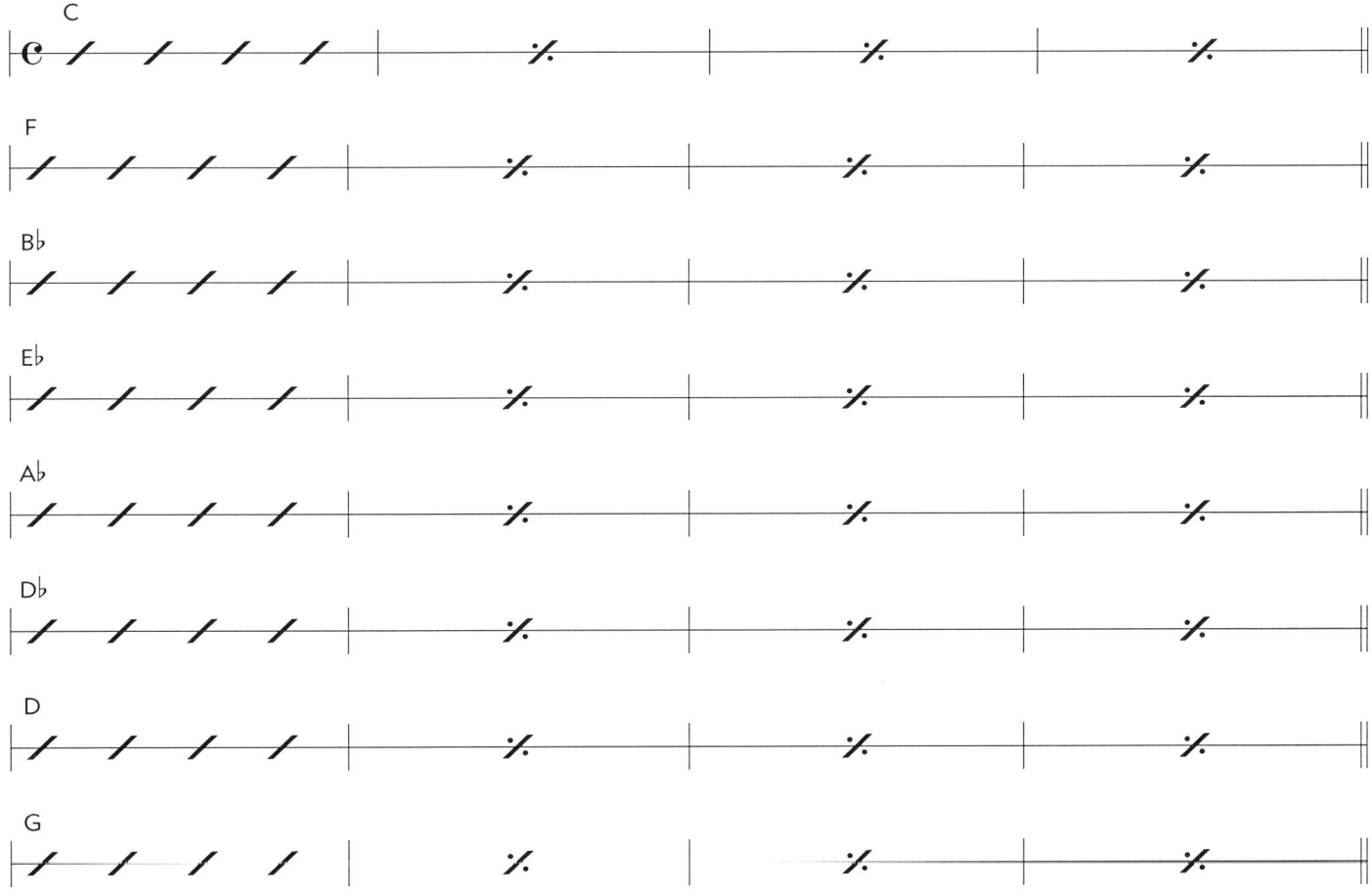

Notieren Sie bei den folgenden Aufgaben, die vom Sequenzer gespielten Akkordbrechungen mit den dazugehörigen Akkordsymbolen.

Aufgabe 2

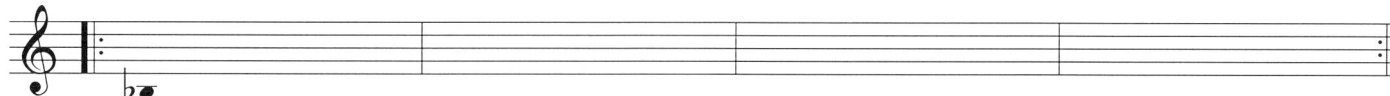

Aufgabe 3

Aufgabe 4

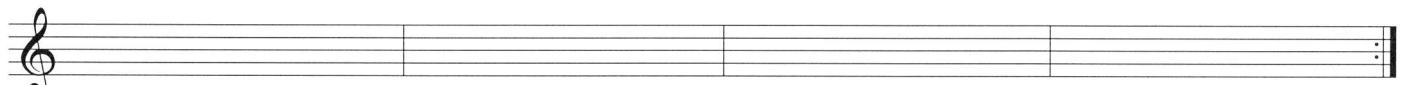

LEKTION 2
A) MELODIE

TRACK 4

Notieren Sie die folgenden Melodien.

Aufgabe 1

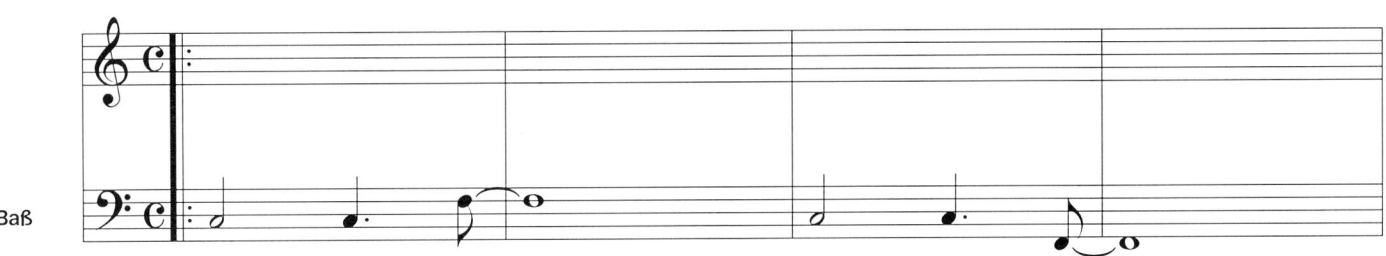

Aufgabe 2

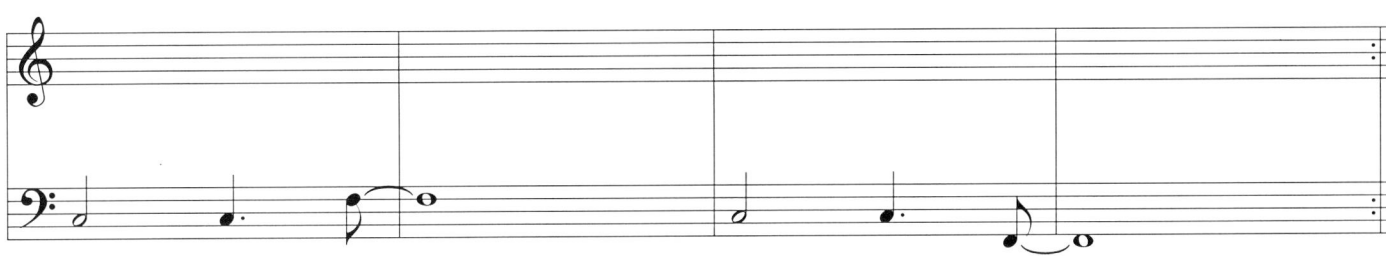

Aufgabe 3

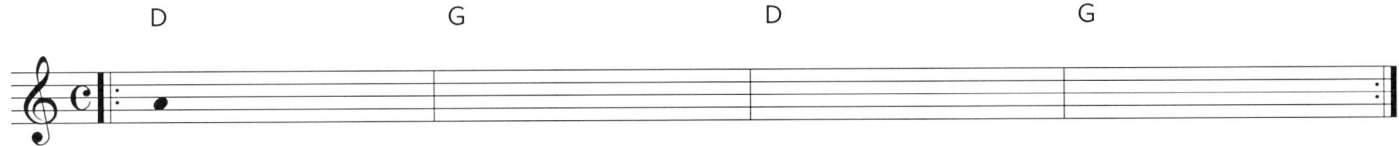

Aufgabe 4

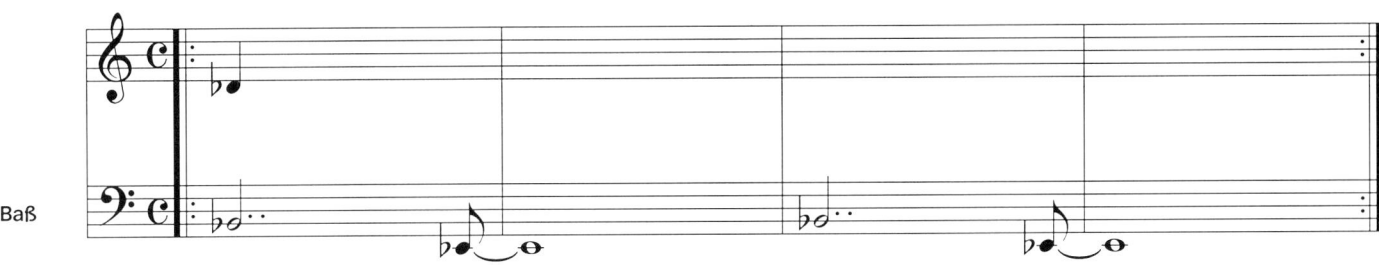

TRACK 5

Lektion 2

B) RHYTHMUS

Rhythmusdiktate

Notieren Sie auch hier die Gitarre rhythmisch auf dem Ton B.

Aufgabe 1

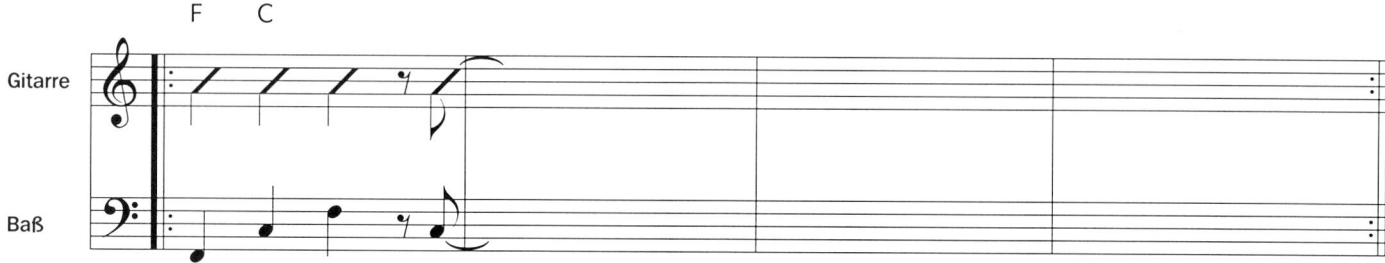

Aufgabe 2

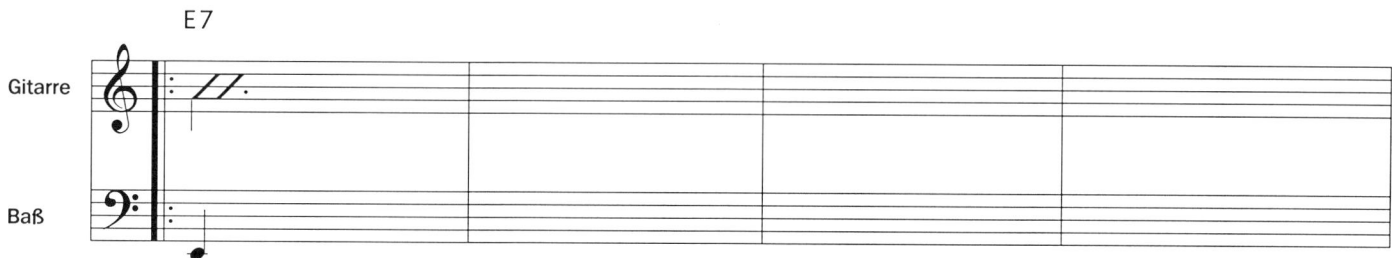

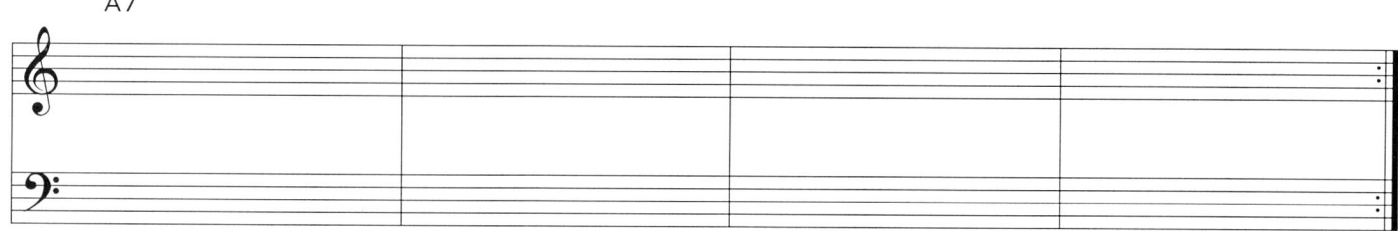

Aufgabe 3

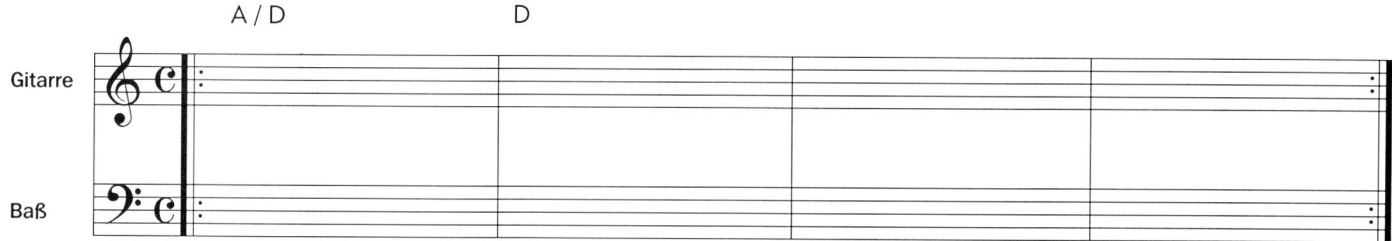

Aufgabe 4

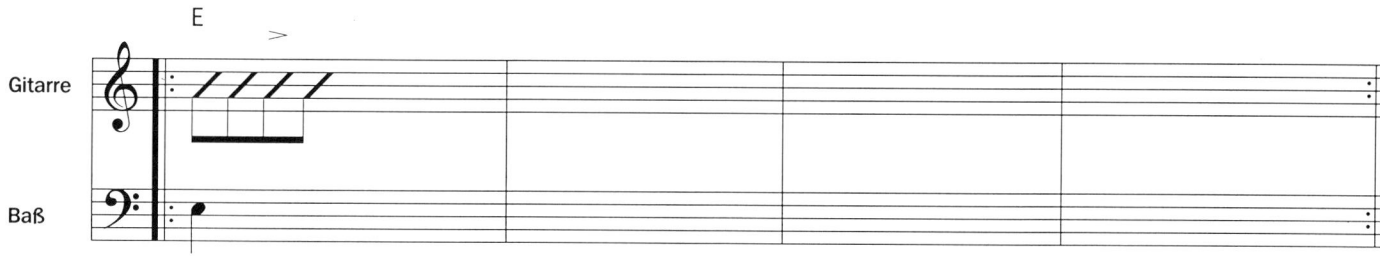

LEKTION 2
C) HARMONIE

TRACK 6

Die nächsten Aufgaben beschäftigen sich mit Dreiklängen und ihren Umkehrungen. Als Vorbereitung dafür ist es hilfreich, sich die ganze Lektion erst einmal in Ruhe anzuhören und dann an den Aufgaben zu arbeiten.

Aufgabe 1

Notieren Sie die vom Sequenzer gespielten Akkordbrechungen mit den passenden Akkordsymbolen.

Die zweite Aufgabe hat diesen Ablauf:

Takt 1 – Auf dem Tonträger hören Sie auf der ›1‹ den Grundton, auf der ›3‹ die Terz.
Takt 2 – Sie singen/spielen die erste Umkehrung des Akkords (Terz, Quinte, Grundton, Terz).
Takt 3 – Diese Akkordbrechung wird auf dem Tonträger gespielt.
Takt 4 – Die erste Umkehrung wird als Akkord gespielt und Sie singen/spielen diesen Akkord abwärts.

Aufgabe 2

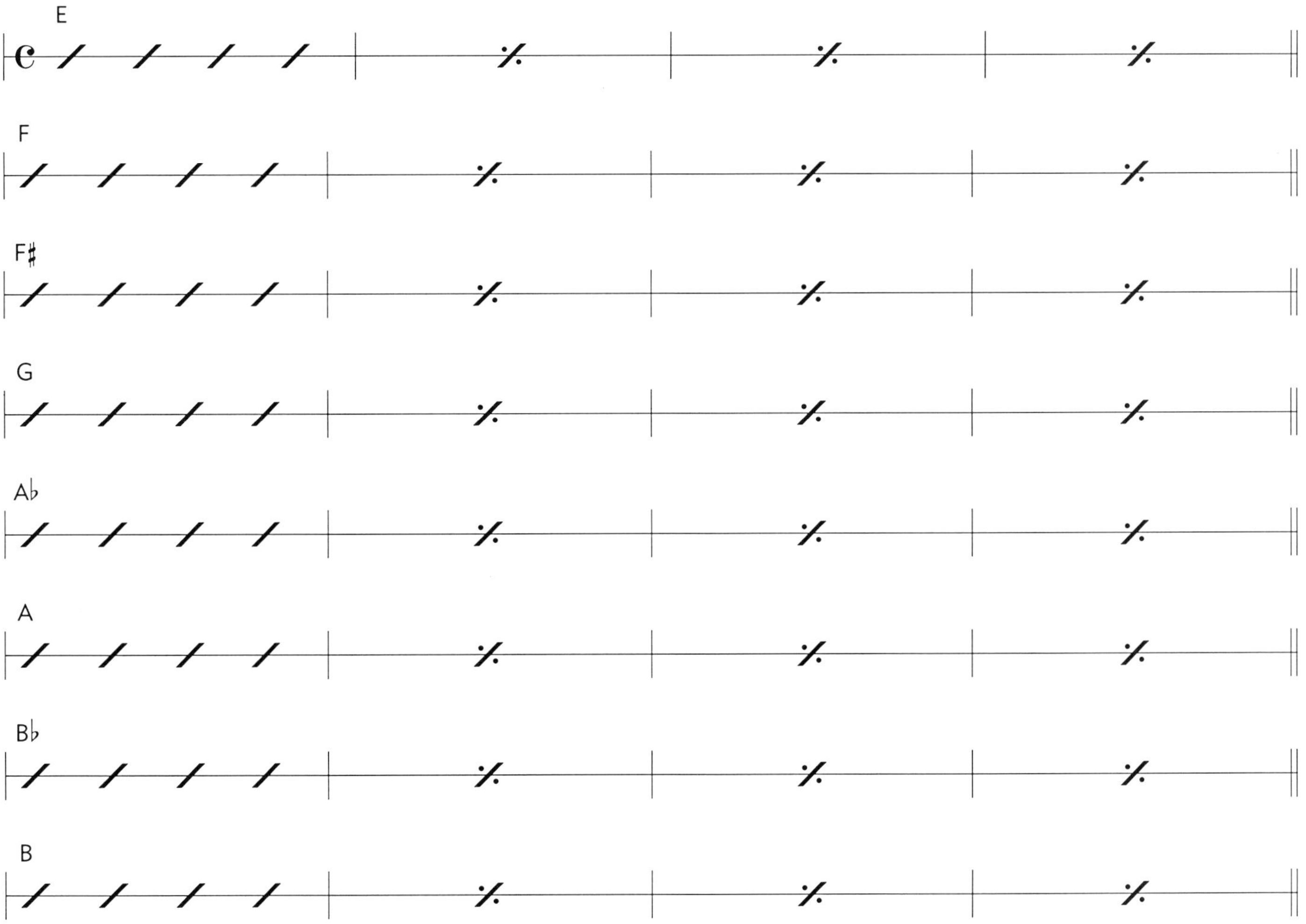

E

F

F#

G

A♭

A

B♭

B

Auch die nächste Aufgabe hat einen bestimmten Ablauf:

Takt 1 – Auf dem Tonträger hören Sie auf der ›1‹ den Grundton, auf der ›3‹ die Quinte.
Takt 2 – Sie singen oder spielen die zweite Umkehrung des Akkords (Quinte, Grundton, Terz, Quinte).
Takt 3 – Diese Akkordbrechung wird auf dem Tonträger gespielt.
Takt 4 – Zu dem auf dem Tonträger gespielten Akkord singen/spielen Sie den Akkord abwärts ab der Quinte.

Aufgabe 3

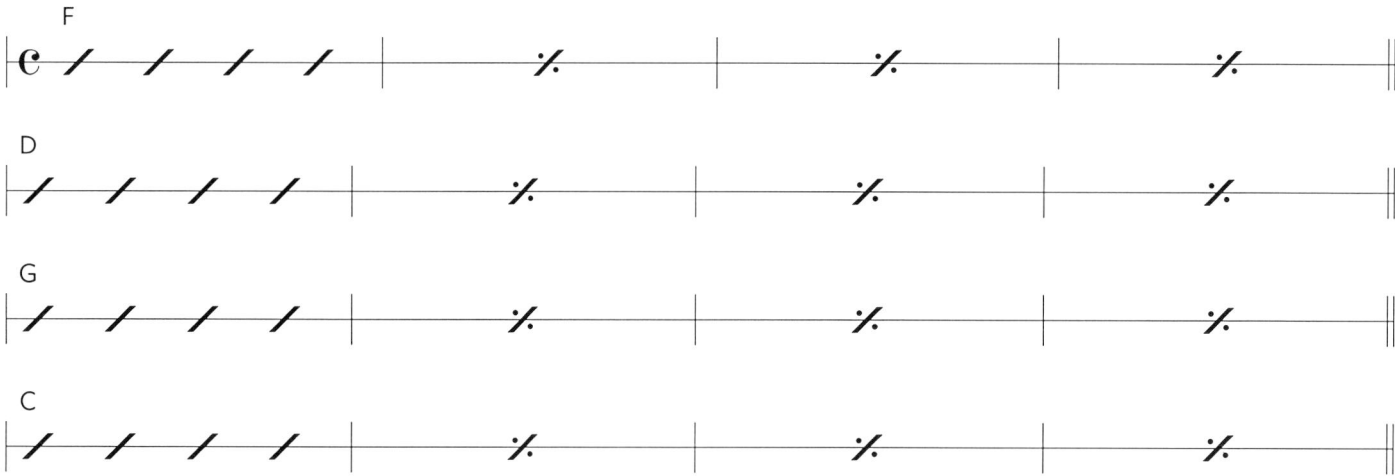

Aufgabe 4

Stellen Sie fest, mit welchen Tönen die vom Sequenzer gespielten Akkordzerlegungen anfangen.
Welche Umkehrungen hören Sie?

Aufgabe 4a

Aufgabe 4b

Aufgabe 4c

Aufgabe 4d

Aufgabe 4e

LEKTION 3

A) MELODIE

TRACK 7

Notieren Sie bei den ersten beiden Aufgaben Melodie und Baß, bei den folgenden die Baßlinie.

Aufgabe 1

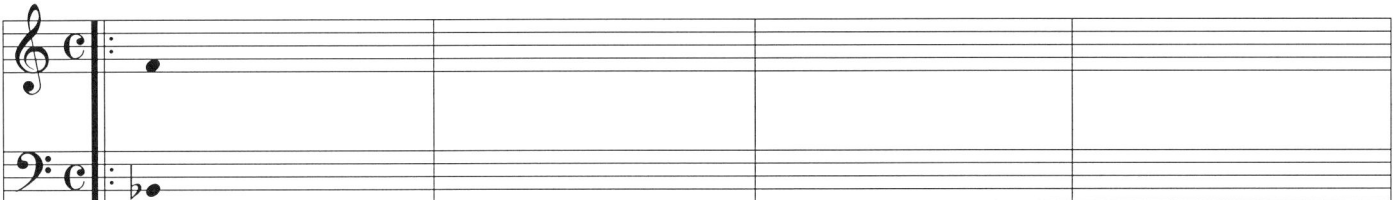

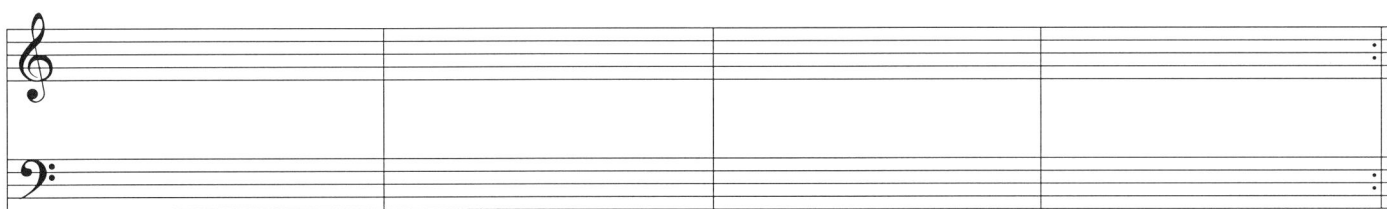

Aufgabe 2

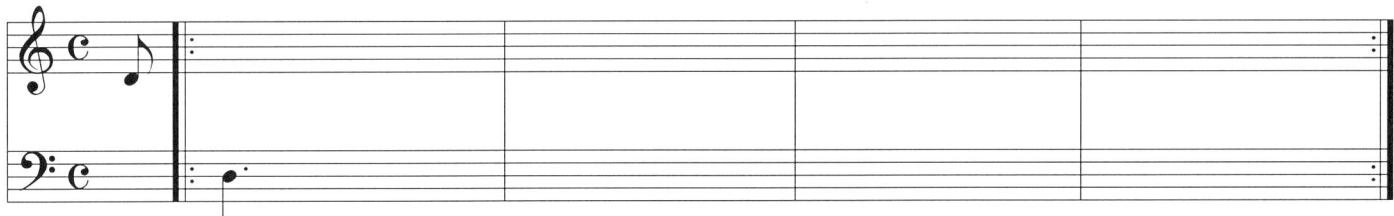

Aufgabe 3

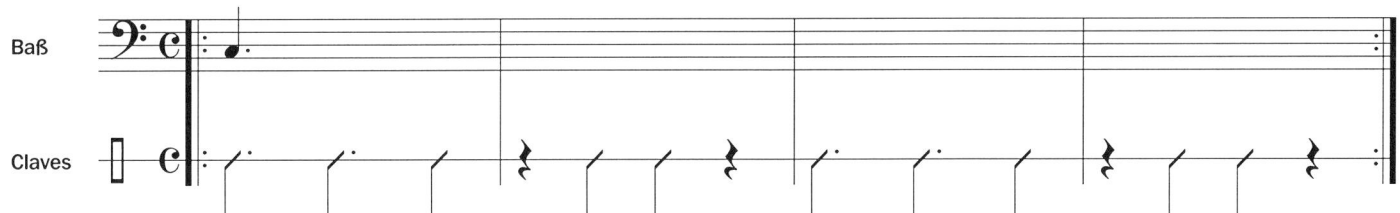

Baß

Claves

Aufgabe 4

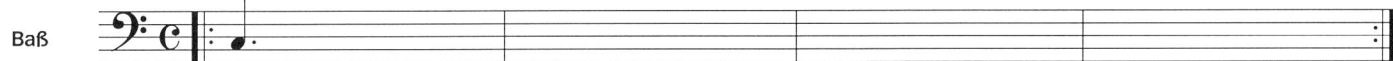

Baß

Aufgabe 5

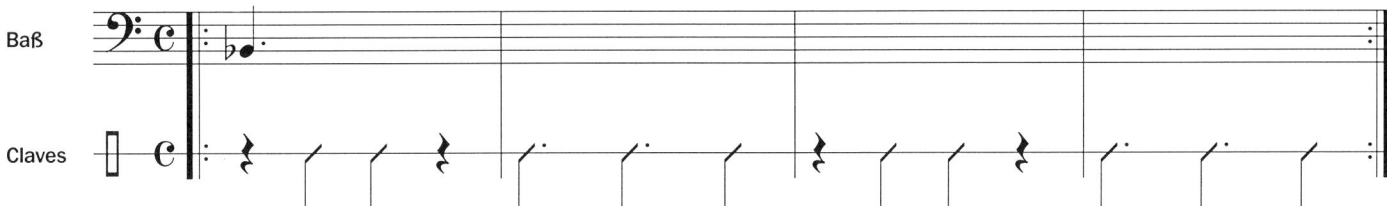

Baß

Claves

- 15 -

TRACK 8

LEKTION 3
B) RHYTHMUS

Die auf der CD gespielten Rhythmen sollten Sie zuerst nachsingen, bevor Sie sie notieren.

Notieren Sie bei diesen Aufgaben auch das Tempo in Schlägen pro Minute (= Metronomzahl). Die erste Aufgabe hat 104 Schläge (= Viertel) pro Minute.

Aufgabe 1

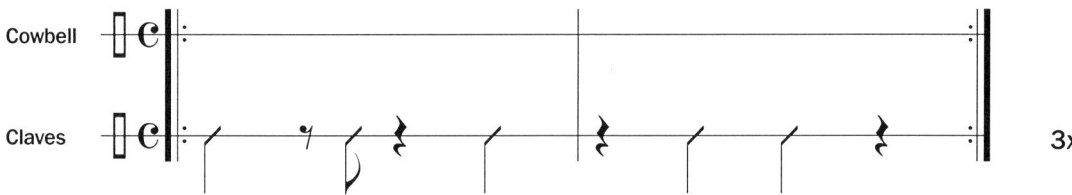

3x

Aufgabe 2

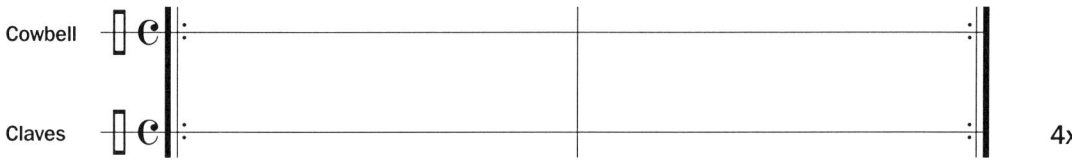

4x

Aufgabe 3

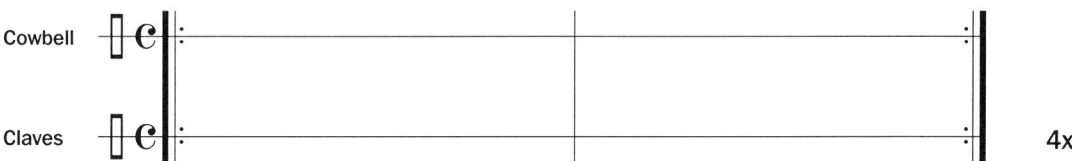

4x

Aufgabe 4

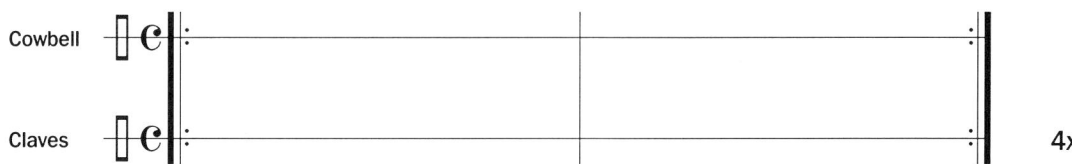

4x

Aufgabe 5

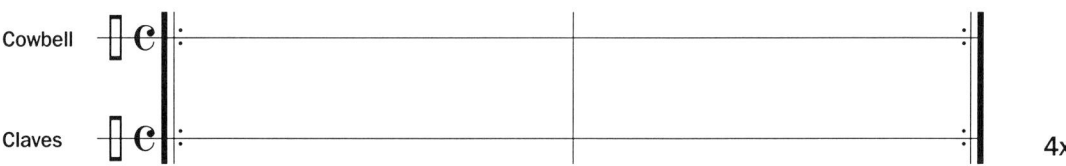

4x

LEKTION 3
C) HARMONIE

Bei der nächsten Aufgabe gilt dieses Schema:

Takt 1 – Der Grundton eines Mollakkords wird auf der CD vorgegeben (vier Viertel lang).
Takt 2 – Sie singen den Molldreiklang abwärts in vier Vierteln.
Takt 3 – Die Akkordbrechung wird auf der CD gespielt.
Takt 4 – Der Akkord wird auf der CD gespielt, dazu singen Sie die Akkordbrechung aufwärts ab dem Grundton.

Dazu ein Beispiel:

Aufgabe 1

Viertaktige Akkordfolgen in Grundstellung (Grundton, kleine Terz, Quinte, Oktave).

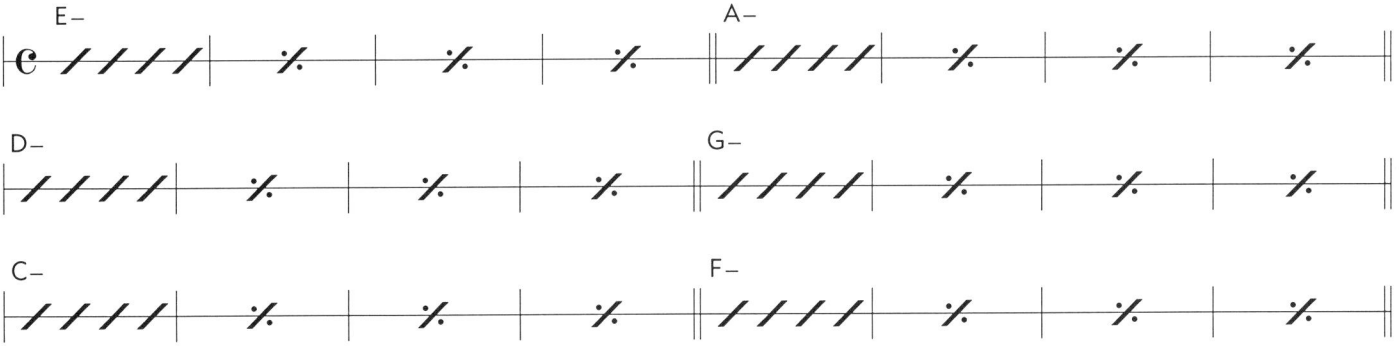

Aufgabe 2

Hier wird der Baßton als Pedalton über vier Takte beibehalten, notieren Sie die oberen Dreiklänge.

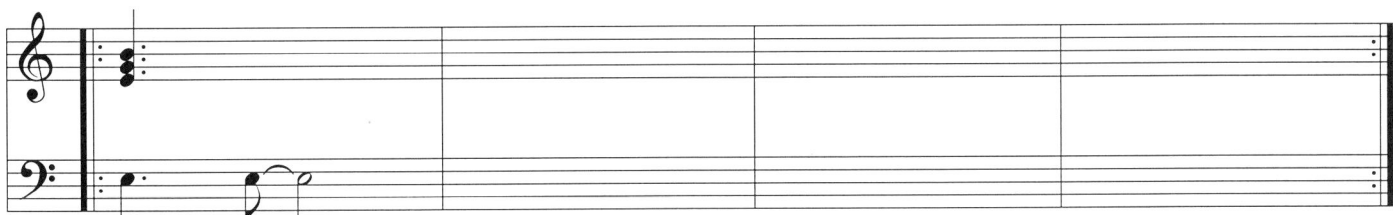

Notieren Sie bei den folgenden Akkordverbindungen zuerst den Baßton (= Grundton) und dann die oberen Dreiklänge. Setzen Sie über alle Akkorde das passende Akkordsymbol. Eine Erklärung von Akkordsymbolen und ihrer Schreibweise finden Sie im Anhang dieses Heftes.

Aufgabe 3a

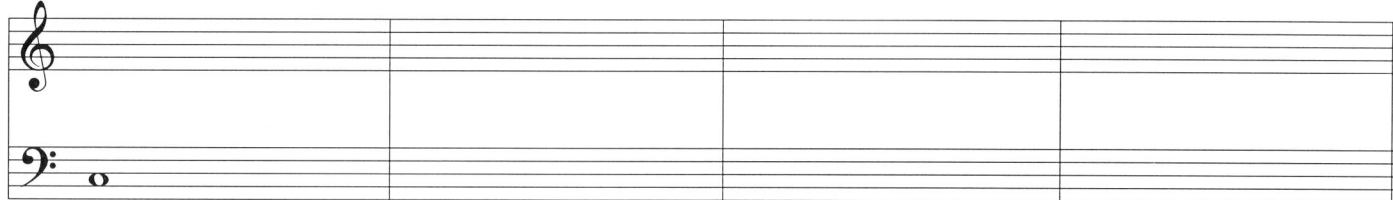

Aufgabe 3b

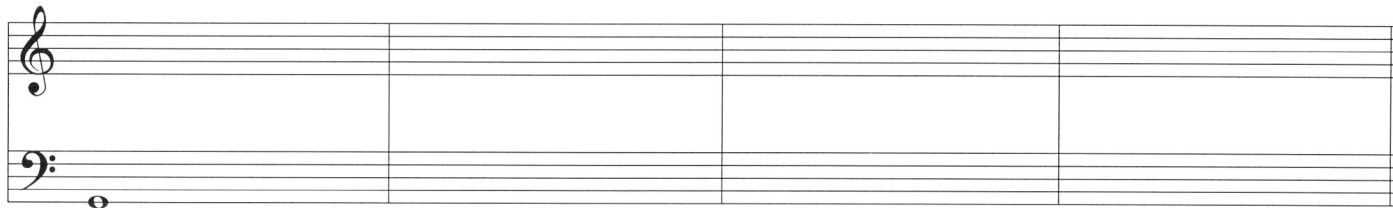

Aufgabe 3c

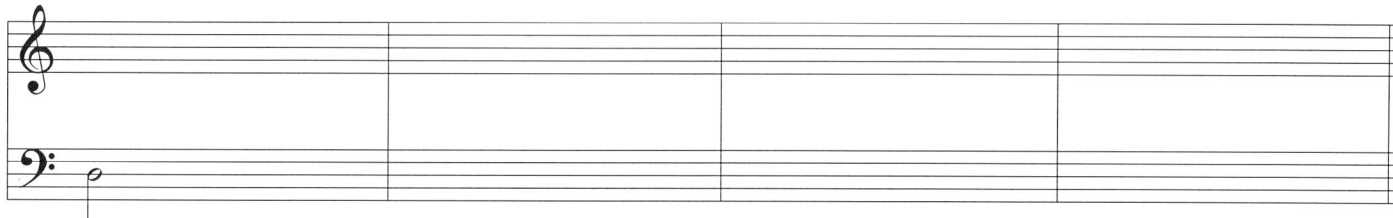

Nun noch eine Variation zur Aufgabe 1:

Takt 1 – Die Terz eines Molldreiklangs wird auf der CD gespielt.
Takt 2 – Sie singen den Mollakkord ab dem Grundton.
Takt 3 – Die Akkordbrechung wird gespielt (ab dem Grundton).
Takt 4 – Die erste Umkehrung wird als Akkord gespielt, dazu singen Sie die Akkordbrechung abwärts ab der Terz.

Beispiel in C Moll

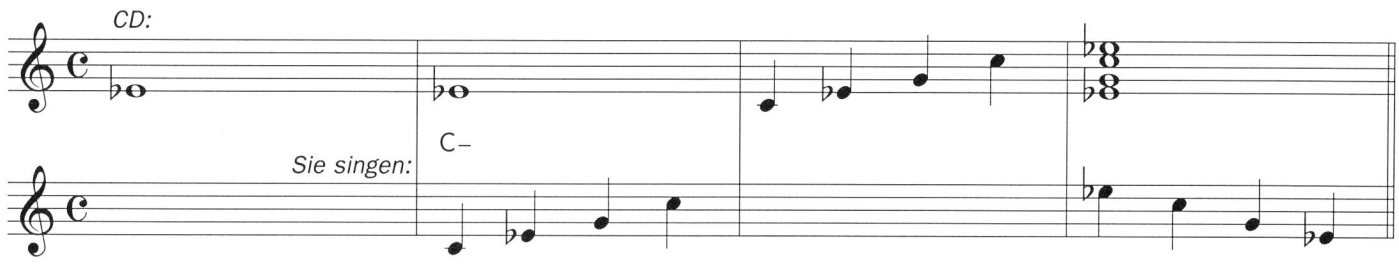

Aufgabe 1

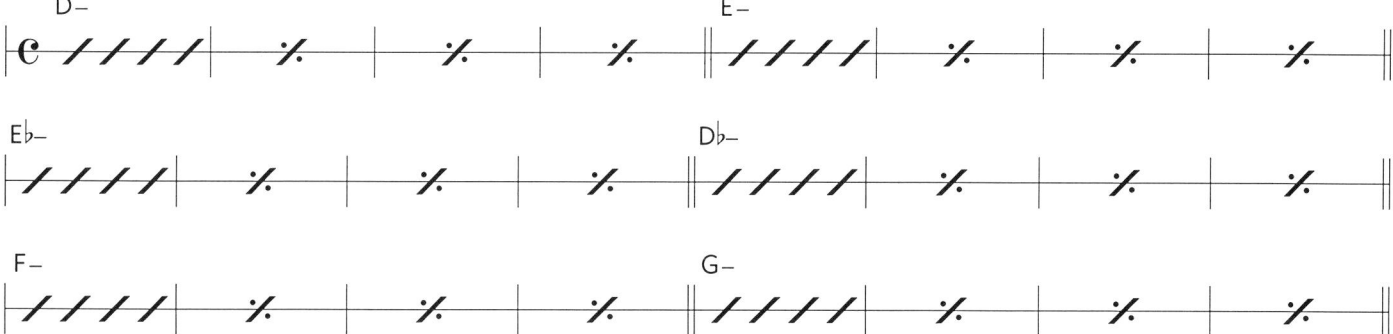

LEKTION 4

A) MELODIE

TRACK 10

Hören Sie sich die folgende Aufgabe ein paar Mal an, um herauszufinden, welche Taktart das Stück hat. Notieren Sie sie dann am Anfang des ersten Taktes und beginnen Sie mit der Transkription der Melodie.

Aufgabe 1

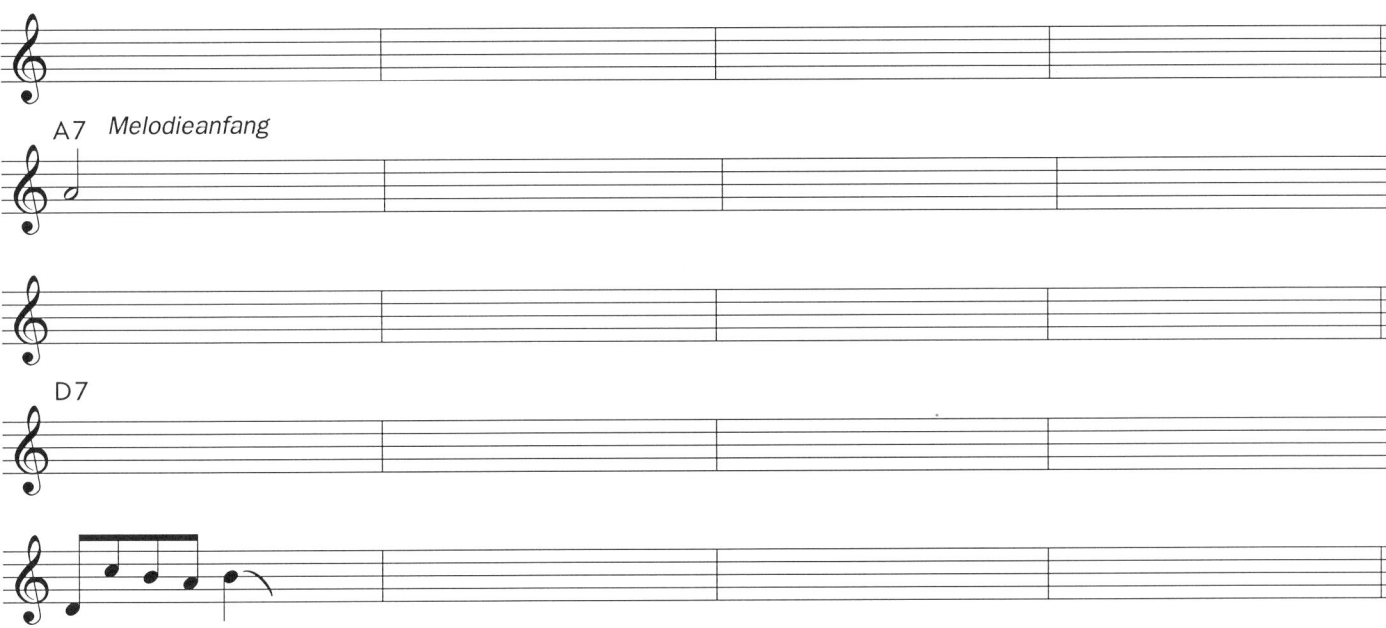

Aufgabe 2

Stellen Sie auch hier zuerst die Taktart fest und schreiben Sie dann die Melodie auf.

LEKTION 4

B) RHYTHMUS

TRACK 11

Rhythmusdiktate

    Aufgabe 1a

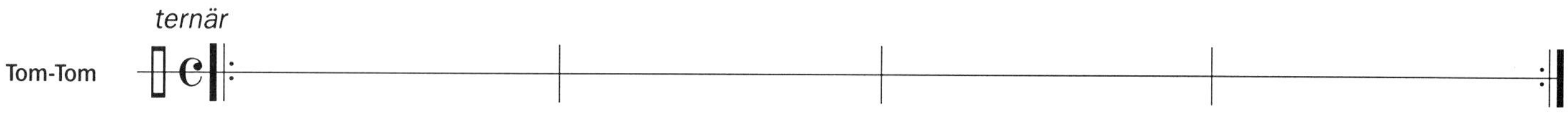

Tom-Tom — *ternär* — 𝄵 ‖: | | | :‖

    Aufgabe 1b

Tom-Tom — 𝄵 ‖: | | | :‖

    Aufgabe 2a

Bell — 𝄵 ‖: | | | :‖

    Aufgabe 2b

Bell — 𝄵 ‖: | | | :‖

    Aufgabe 3

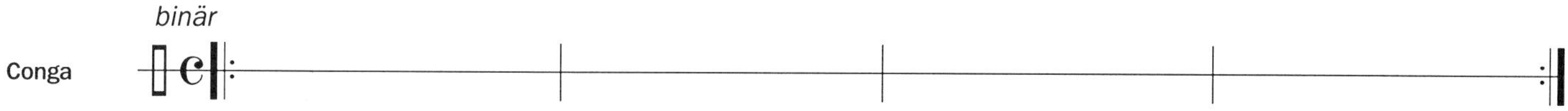

Conga — *binär* — 𝄵 ‖: | | | :‖

    Aufgabe 4

Tom-Tom — *binär* — 𝄵 ‖: | | | |

| | | | |

‖: | | | :‖

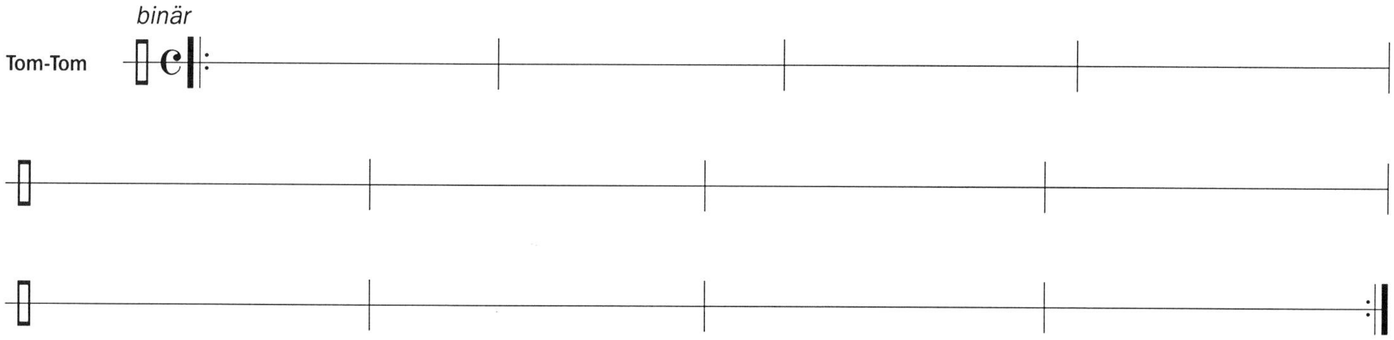

Lektion 4

c) Harmonie

TRACK 12

Bei der nächsten Aufgabe ist der Ablauf folgendermaßen:

Takt 1 – Ein Dreiklang wird gespielt – entweder in der Grundstellung, oder in der ersten oder zweiten Umkehrung.
Takt 2 – Der gleiche Akkord wird als Akkordbrechung gespielt.
Takt 3 – Sie finden den Grundton des Akkordes heraus und singen ihn.
Takt 4 – Zur Kontrolle für Sie wird auf der ›1‹ der Grundton und auf der ›2‹ der Akkord gespielt.

Aufgabe 1

Für die zweite Aufgabe setzen Sie die CD auf den Anfang von Aufgabe 1 (Track 12) zurück und versuchen nun, mit Ihrem Instrument die verschiedenen Grundtöne, nach denen die Akkorde benannt werden, herauszufinden. Notieren Sie die Akkorde in der jeweiligen Umkehrung und dazu die entsprechenden Akkordsymbole.

Aufgabe 2

LEKTION 5

A) MELODIE

Notieren Sie die Melodien, die auf der CD vorgespielt werden.

Aufgabe 1

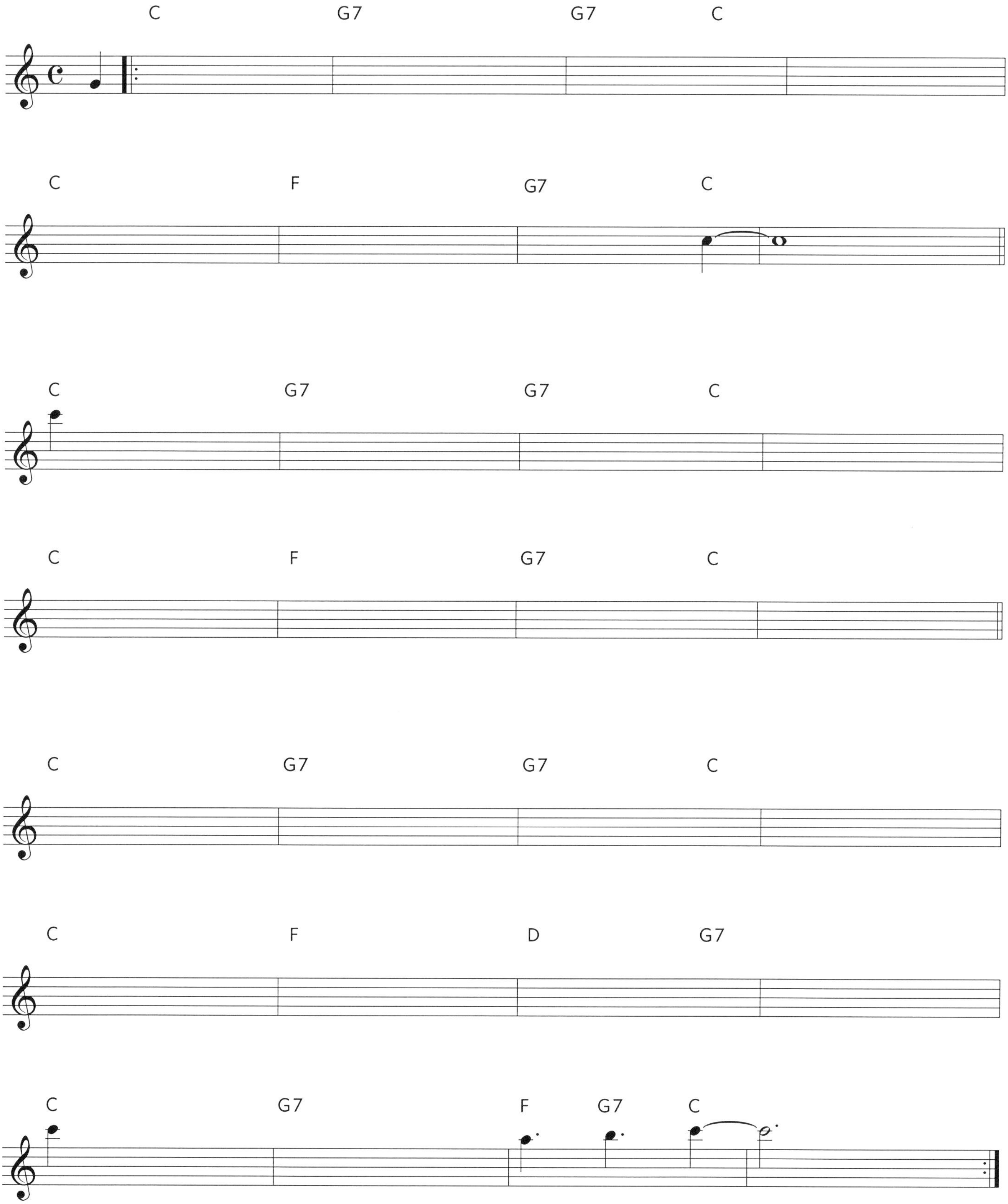

LEKTION 5
B) RHYTHMUS

TRACK 14

Notieren Sie den folgenden vom Piano gespielten Rhythmus.

Aufgabe 1

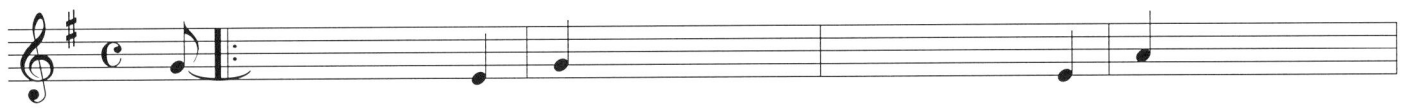

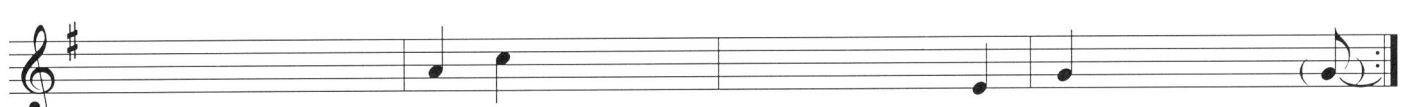

Rhythmusdiktat: GoGo Bells

Aufgabe 2

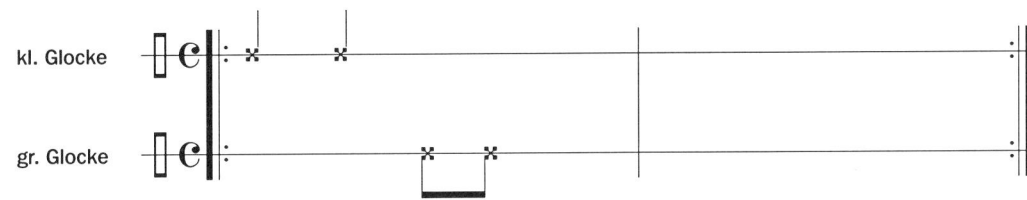

Aufgabe 3

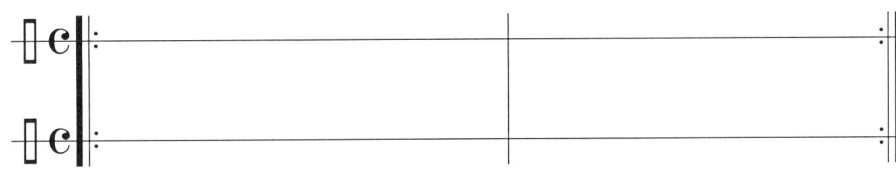

Aufgabe 4

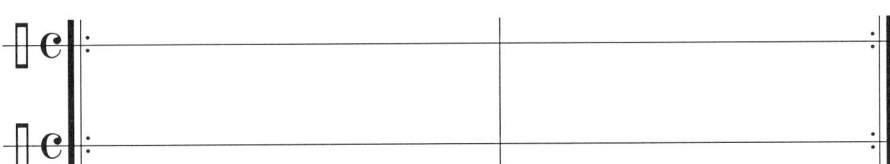

Aufgabe 5

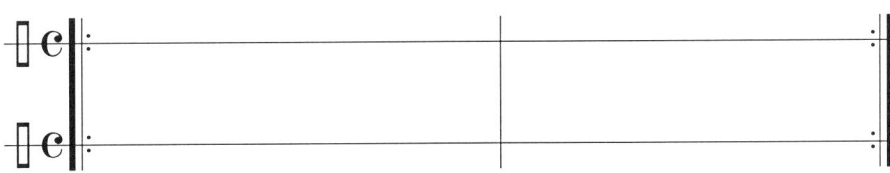

Aufgabe 6

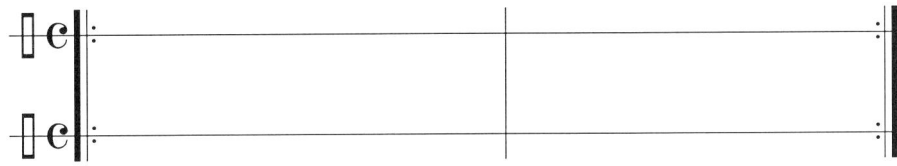

LEKTION 5
C) HARMONIE

Die erste Aufgabe läuft nach folgendem Schema ab:

Takt 1 – Auf der ›1‹ hören Sie den Grundton, auf ›3‹ singen Sie die kleine Septime dazu.
Takt 2 – Die kleine Septime wird auf dem Tonträger gespielt.
Takt 3 – Sie singen auf ›3‹ den Grundton.
Takt 4 – Sie hören den vollständigen Durseptakkord (in der zweiten Umkehrung).

Beispiel:

Aufgabe 1

1. Sequenz: G7   2. Sequenz: B♭7   3. Sequenz: E♭7   4. Sequenz: A7

Die zweite Aufgabe ist folgendermaßen aufgebaut:

Takt 1 – Auf der ›1‹ hören Sie den Grundton, auf ›3‹ singen Sie die kleine Terz dazu.
Takt 2 – Dieser Ton wird auf der CD gespielt.
Takt 3 – Sie singen auf ›3‹ die kleine Septime.
Takt 4 – Sie hören den Mollakkord (in der dritten Umkehrung).

Beispiel:

Aufgabe 2

1. Sequenz: C–7   2. Sequenz: E–7   3. Sequenz: A–7   4. Sequenz: E♭–7

Wenn Sie sich anfangs bei diesen Aufgaben unsicher fühlen, hören Sie sich die Sequenzen mehrmals an und versuchen dann noch einmal die Septimen und Terzen zu singen.

Aufgabe 3

Bei der nächsten Aufgabe werden Dur- und Mollseptakkorde gespielt. Notieren Sie ihre Reihenfolge. Bei Durseptakkorden wird die Abkürzung ›Dom7‹ (da dieser Akkord meist als Dominantseptakkord verwendet wird), beim Mollseptakkord wird ›m7‹ eingesetzt.

1. Dom7   2.   3.   4.   5.   6.   7.   8.

9.   10.   11.   12.   13.   14.   15.   16.

LEKTION 6
A) MELODIE

TRACK 16

Notieren Sie die von der Posaune gespielte Melodie im Baßschlüssel.

Aufgabe 1

TRACK 17

LEKTION 6
B) RHYTHMUS

Die Rhythmusdiktate in dieser Lektion haben folgenden Ablauf:

1. Ein mehrtaktiges Motiv wird gespielt.
2. Sie versuchen, dieses Motiv exakt nachzusingen.
3. Das Motiv wird nochmals gespielt.
4. Sie singen das Motiv zusammen mit der nochmaligen Wiederholung auf der CD.

Anschließend notieren Sie den Rhythmus.

Aufgabe 1a

Aufgabe 1b

Aufgabe 2a

Aufgabe 2b

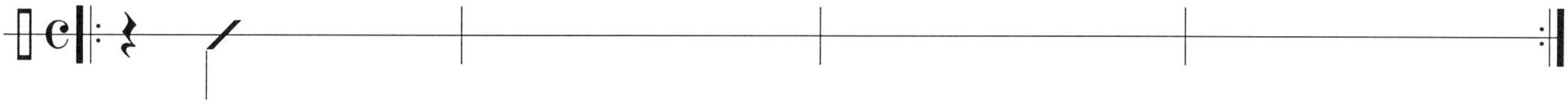

Aufgabe 3a

Aufgabe 3b

Aufgabe 3c

LEKTION 6
C) HARMONIE

Hören Sie sich die folgende Aufgabe mehrmals an und notieren Sie zuerst die untere Stimme und dann die drei oberen.

Aufgabe 1

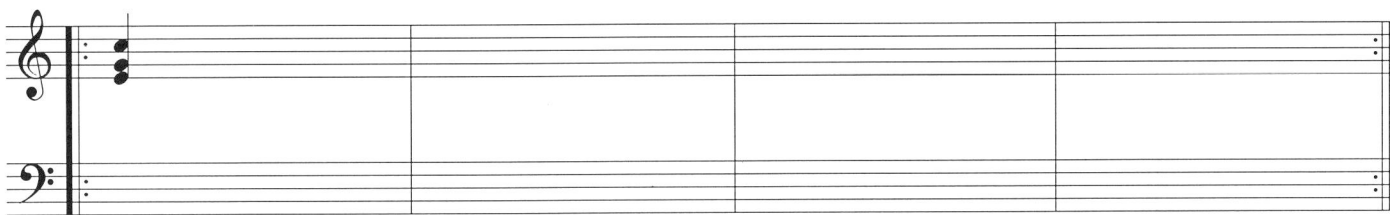

Aufgabe 2

Sie hören auf der CD verschiedene Akkordbrechungen, immer vom Ton E aus. Notieren Sie die einzelnen Töne, wie im ersten Takt, und darüber das entsprechende Akkordsymbol.

E–7

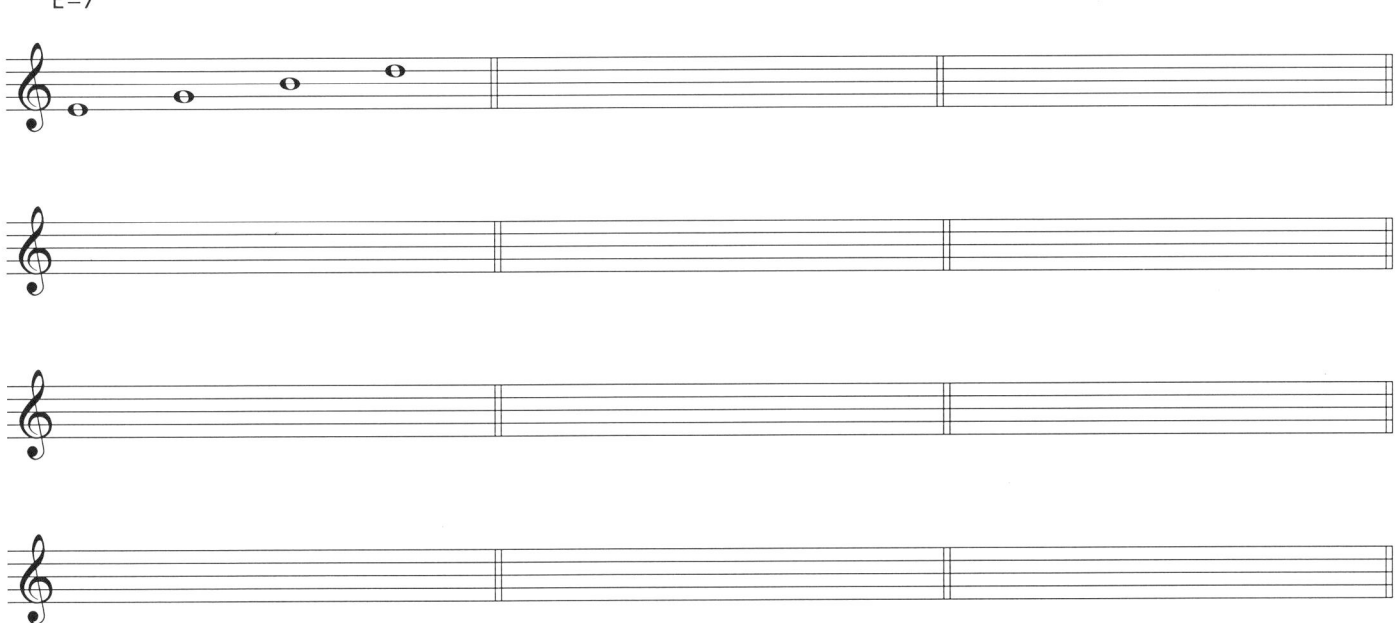

Aufgabe 3

Auf der CD hören Sie zunächst alle tonleitereigenen Septakkorde von F Dur auf den Stufen I – VII in der Grundstellung, wie im nächsten Beispiel gezeigt.

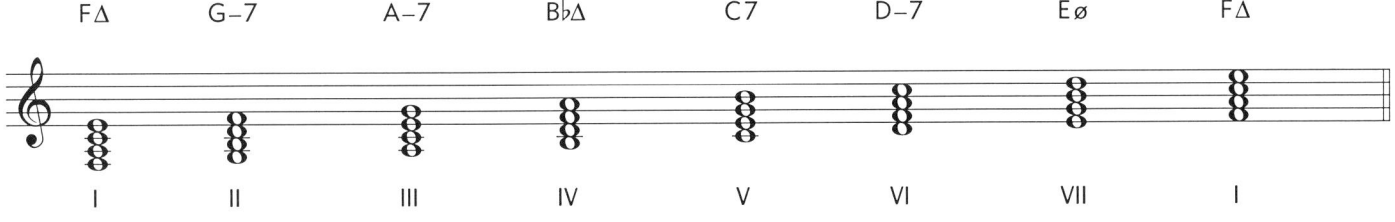

Singen Sie jetzt zu den auf der CD gespielten tonleitereigenen Dreiklängen von G Dur die jeweilige Septime.

Aufgabe 4

Notieren Sie nun die Symbole für die auf der CD gespielten Akkorde. Der Grundton ist jeweils D.

a)   b)   c)   d)   e)   f)   g)   h)

Falls Sie mit dem Abhören dieser Aufgabe Probleme haben, sollten Sie sich zuerst auf einem Harmonieinstrument mit dem Klang der folgenden Akkorde vertraut machen. Übertragen Sie die verschiedenen Akkordarten auch in andere Tonarten.

LEKTION 7

TRACK 19

A) MELODIE

Bei dieser Aufgabe liegt das erste Problem in der ungewöhnlichen Tonart, das zweite in der Mischung aus Vierteltriolen und Sechzehntelnoten.

Aufgabe 1

LEKTION 7

B) RHYTHMUS

Notieren Sie hier Schlagzeug, Baß und Gitarre. Versuchen Sie mit einem Metronom das Tempo in Schlägen (Vierteln) pro Minute festzustellen und tragen Sie den Wert bei ♩ = ___ ein (zur Notation von Schlagzeug, Gitarre und Baß beachten Sie bitte die Hinweise in der Einführung).

Aufgabe 1

(2 Takte Drums Intro)

LEKTION 7

C) HARMONIE

Hier hören Sie einfache Akkordverbindungen, von Baß und Gitarre gespielt. Benennen Sie die Akkordsymbole und, wenn Sie können, auch die Stufen.

Zum Beispiel:

I	V	IV
G	D7	C

Aufgabe 1

a) ‖: I :‖
   ‖: E :‖

b) ‖: I :‖
   ‖: D :‖

c) ‖:   :‖

d) ‖:   :‖

e) ‖:   :‖

f) ‖:   :‖

g) ‖:   :‖

(Hinweis: der Baß spielt bei jedem Akkordwechsel den Grundton)

Aufgabe 2

Hier ist ein bestimmter Ton Ausgangspunkt für Akkordbrechungen in verschiedenen Lagen. Auf der CD läuft das nach folgendem Schema ab:

Takt 1 – Sie hören (z.B.) den Ton E.
Takt 2 – Sie singen die angegebene Akkordbrechung aufwärts ab E.
Takt 3 – Diese Akkordbrechung wird zur Kontrolle auf der CD gespielt.
Takt 4 – Sie hören den Akkord in der betreffenden Umkehrung.

Aufgabe 2a

E	ist	Terz	von	C Dur
		Quinte	von	A Moll
		kleine Septime	von	F♯7
		große Septime	von	F∆
		Grundton	von	E7sus4

Aufgabe 2b

D	ist	Grundton	von	D7
		große Terz	von	B♭7
		Quinte	von	G–7
		kleine Septime	von	E–7

Aufgabe 2c

F	ist	kleine Septime	von	G–7
		große Terz	von	D♭7
		große Septime	von	G♭∆
		verminderte Quinte	von	B–7♭5 (= Bø)

Hören Sie sich diese Aufgaben in Ruhe an und versuchen Sie sich die Töne zunächst nur vorzustellen, ohne gleich mitzusingen.

LEKTION 8

A) MELODIE

TRACK 22

Notieren Sie die Aufgaben, die auf der CD vorgespielt werden – wenn möglich ohne instrumentale Hilfe.

Aufgabe 1

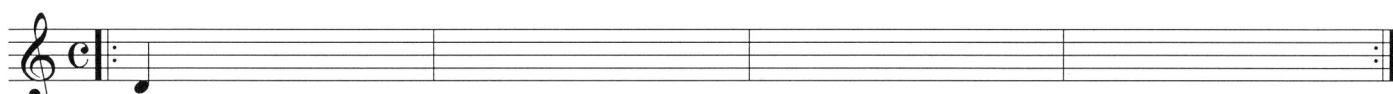

Aufgabe 2

Aufgabe 3a

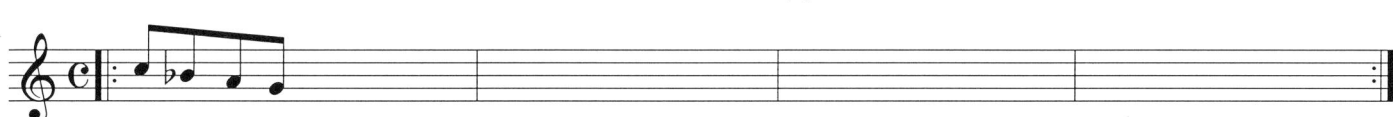

Aufgabe 3b

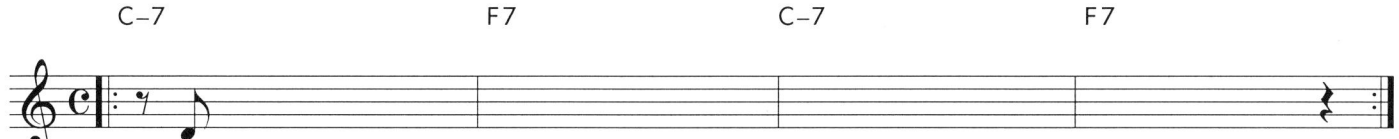

Aufgabe 4

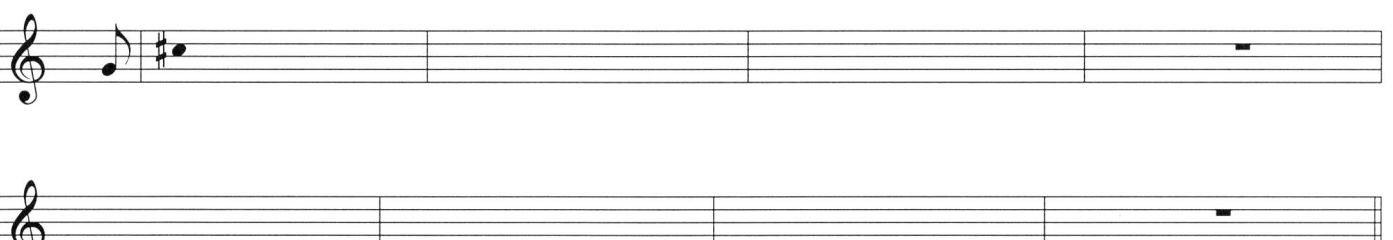

LEKTION 8

B) RHYTHMUS

Die folgenden Aufgaben werden auf der Conga bzw. der Tumba gespielt. Dabei gibt es drei Grundarten, mit der Hand auf die Conga zu schlagen und bestimmte Klangeffekte zu erzielen:

o = der offene Schlag, ein längerer, ungedämpfter Ton erklingt
+ = der geschlossene Schlag, ein gedämpfter Ton erklingt
s = der *slap*, der einen lauten scharfen Akzent erzeugt

Beispiel

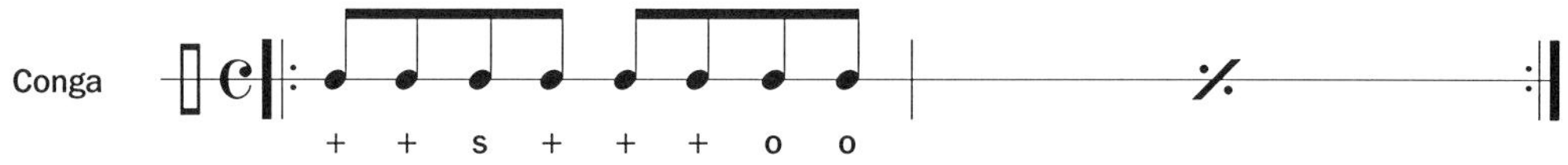

Conga: + + s + + + o o

Aufgabe 1

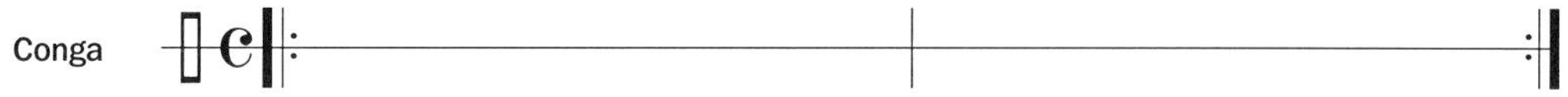

Aufgabe 2

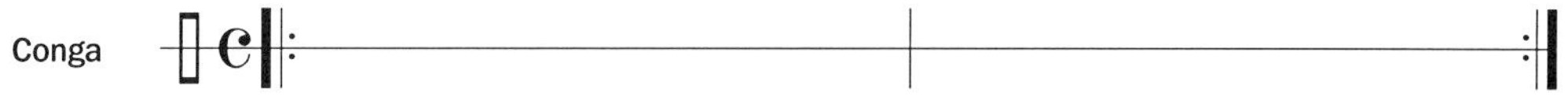

Aufgabe 3

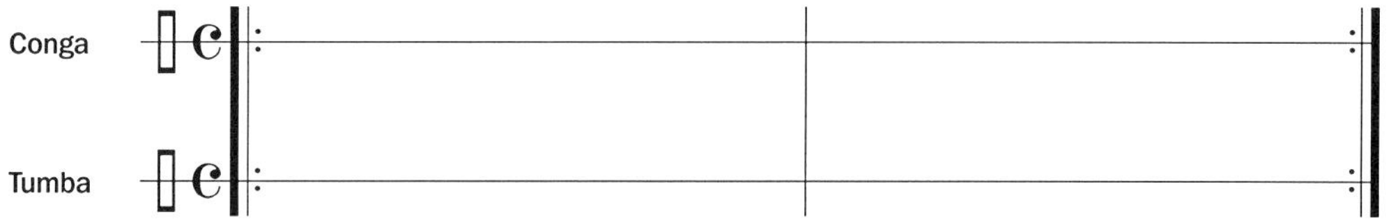

Aufgabe 4

Aufgabe 5

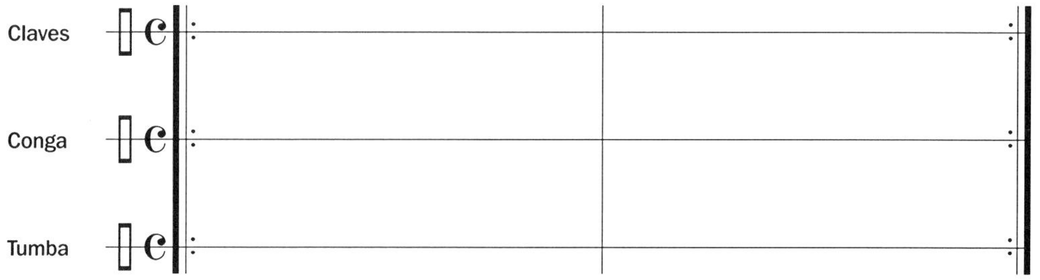

Aufgabe 6

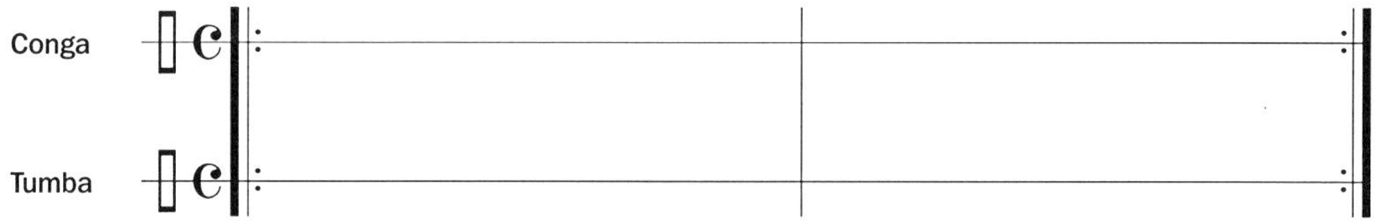

- 34 -

LEKTION 8

C) HARMONIE

Den beiden folgenden Aufgaben liegt ein häufig benutztes Akkordschema zugrunde. Identifizieren Sie die Akkorde (Dur- und Mollseptakkorde) und tragen Sie die Akkordsymbole in das nachstehende Raster ein. Im Lösungsteil finden Sie auch die dazugehörigen Stufen.

Aufgabe 1

Aufgabe 2

TRACK 25

LEKTION 9
A) MELODIE

Notieren Sie die folgenden ein- und zweistimmigen Melodielinien. Aus welchen Skalen sind die ersten beiden Phrasen gebildet worden?

Aufgabe 1

Aufgabe 2

Aufgabe 3

Aufgabe 4

Aufgabe 5

Aufgabe 6

- 36 -

LEKTION 9
B) RHYTHMUS

TRACK 26

Die erste Aufgabe wird ›binär‹, also im geraden Achtelpuls, gespielt, die Aufgaben 2 und 3 werden ›ternär‹, also auf der Basis von Achteltriolen, gespielt.

Notieren Sie die Baßlinien.

Aufgabe 1

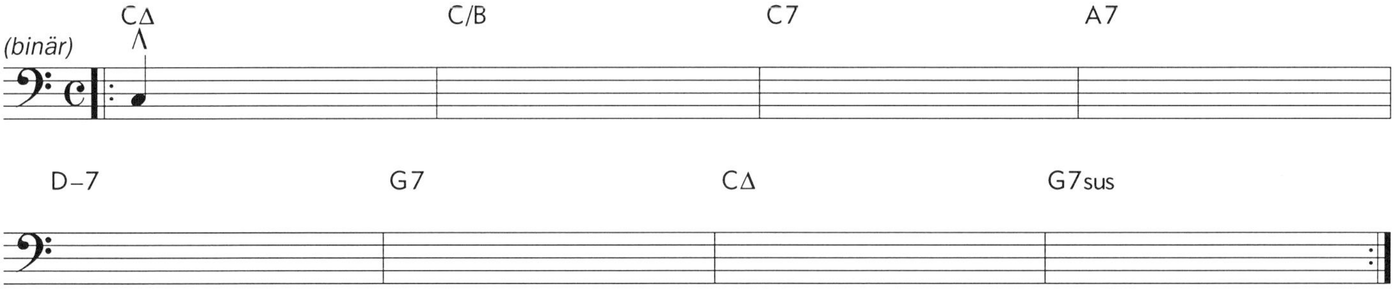

(binär)

| CΔ | C/B | C7 | A7 |

| D–7 | G7 | CΔ | G7sus |

Aufgabe 2

(ternär)

| FΔ | D7 | G7 | C7 | FΔ | D7 | G7 | C7 |

| F7 | D7 | G7 | C7 | FΔ | D7 | D♭7 | C7 |

| FΔ | D7 | G–7 | C7 | FΔ | D7 | G–7 | C7 |

| FΔ | D7 | G–7 | C7 | FΔ | D7 | G–7 | C7 |

Aufgabe 3

(ternär)

| B♭7 | E♭7 | B♭7 | |

| E♭7 | B♭7 | D–7 | G7 |

| C–7 | F7 | B♭7 | G–7 | C–7 | F7 |

LEKTION 9
c) HARMONIE

Notieren Sie bei den folgenden Aufgaben zuerst die beiden äußeren Stimmen (Baß und Sopran), dann die markanten inneren Stimmen und zuletzt die ›Füllstimmen‹. Keiner der zu notierenden Akkorde hat mehr als vier Stimmen.

Aufgabe 1

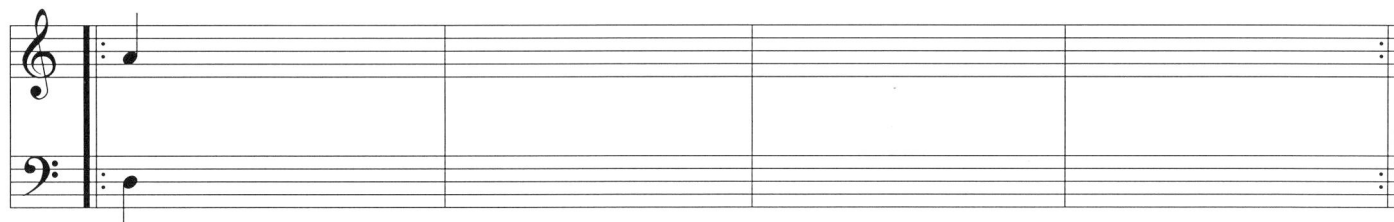

Aufgabe 2

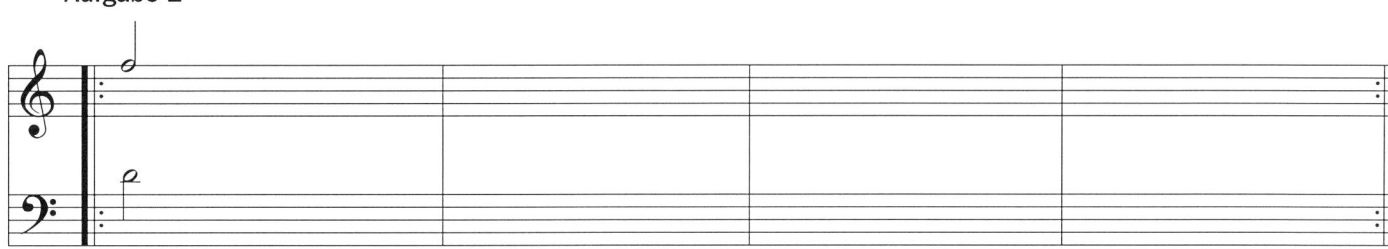

Aufgabe 3

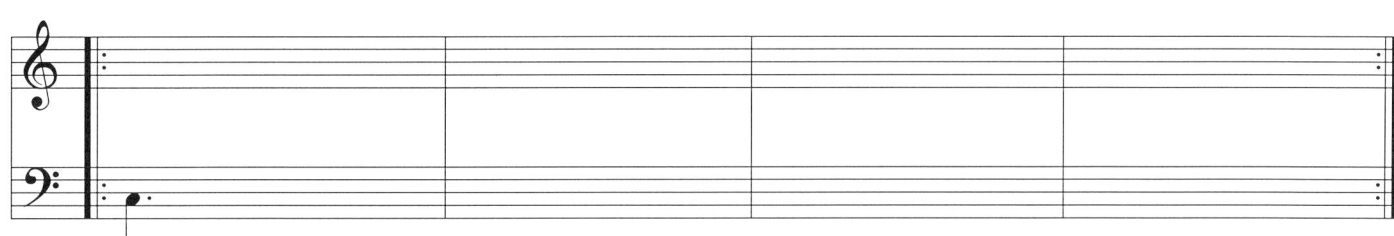

Aufgabe 4

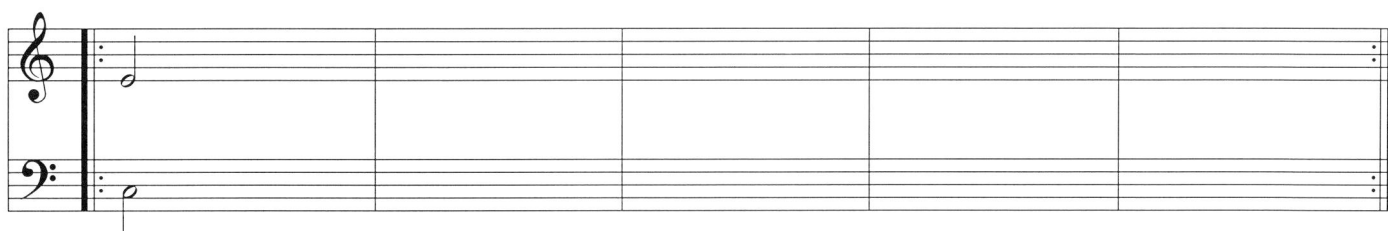

LEKTION 10

A) MELODIE

Notieren Sie die folgenden zweistimmigen Melodien.

Aufgabe 1

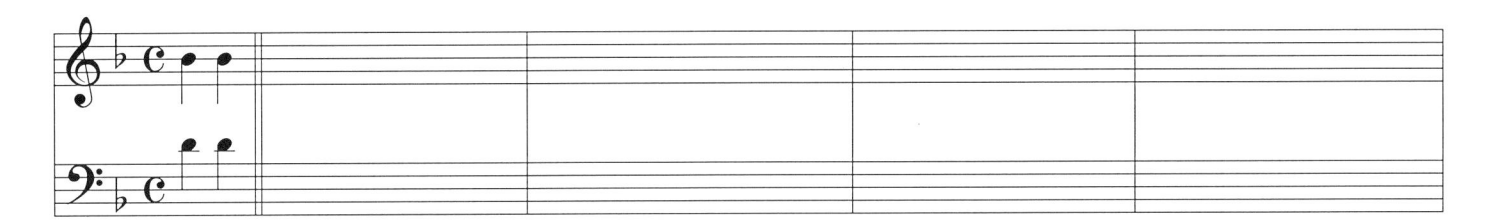

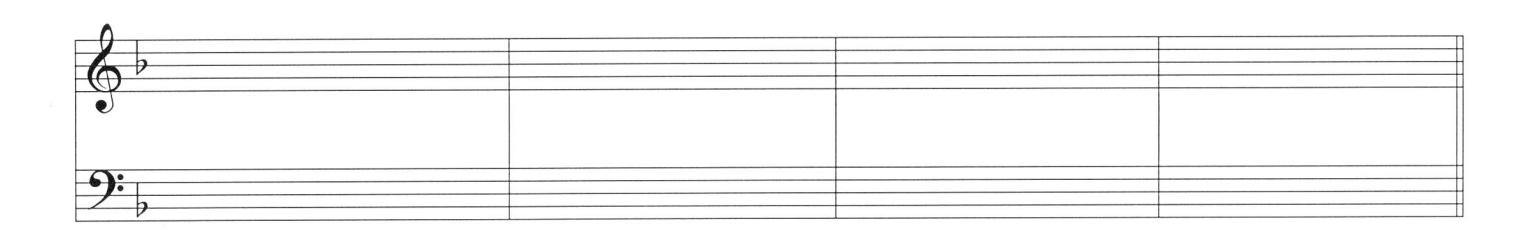

Aufgabe 2

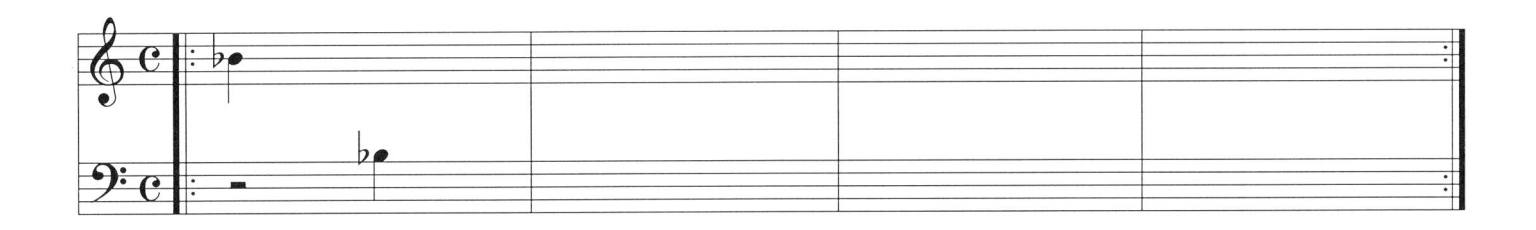

Aufgabe 3

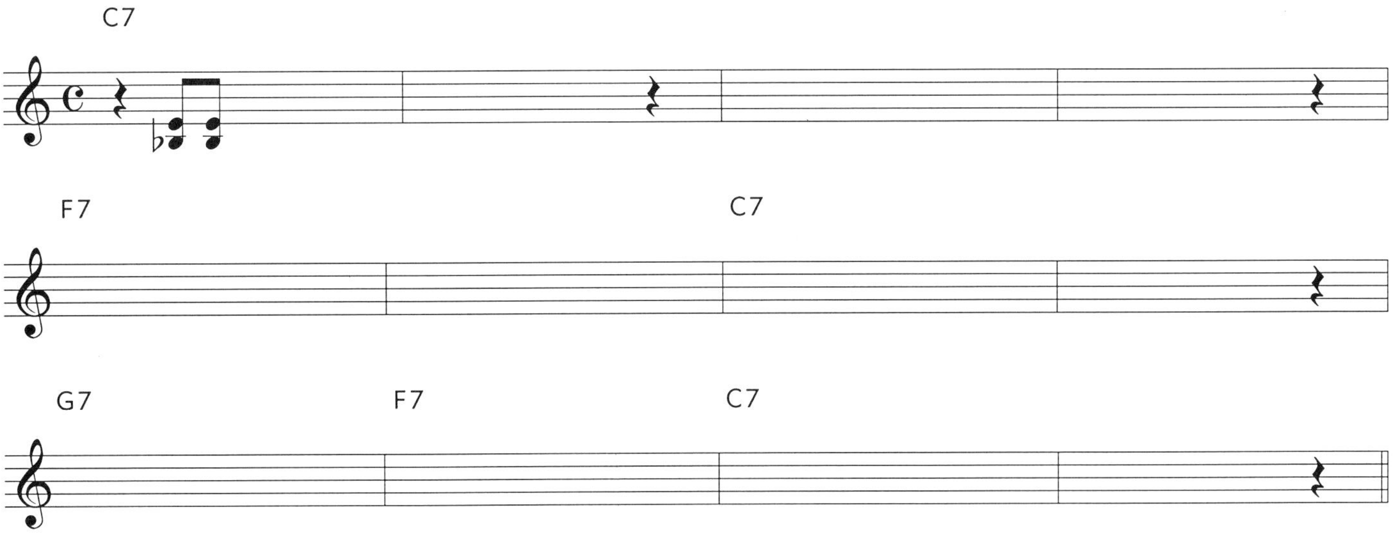

C7

F7   C7

G7   F7   C7

LEKTION 10

B) RHYTHMUS

Rhythmusdiktate:

Aus wievielen Takten bestehen jeweils die Aufgaben?

Notieren Sie das Drumset, bestehend aus Hi-Hat oder Becken, Snare und Bassdrum – einen Vorschlag zur Notation dieser Instrumente finden Sie in der Einleitung.

Tragen Sie auch Tempi und Taktarten ein.

Aufgabe 1

♩ =

Aufgabe 2

♩ =

Aufgabe 3

♩ =

Aufgabe 4

♩ =

- 40 -

LEKTION 10

C) HARMONIE

TRACK 30

Bevor Sie die folgende Aufgabe lösen, setzen Sie sich zuerst an ein Klavier oder ein ähnliches Tasteninstrument und spielen die folgenden Akkorde. Aus diesen Akkorden ist die Harmonieverbindung der Aufgabe zusammengesetzt. Tragen Sie in jeden Takt das passende Akkordsymbol ein.

Akkordverbindungen

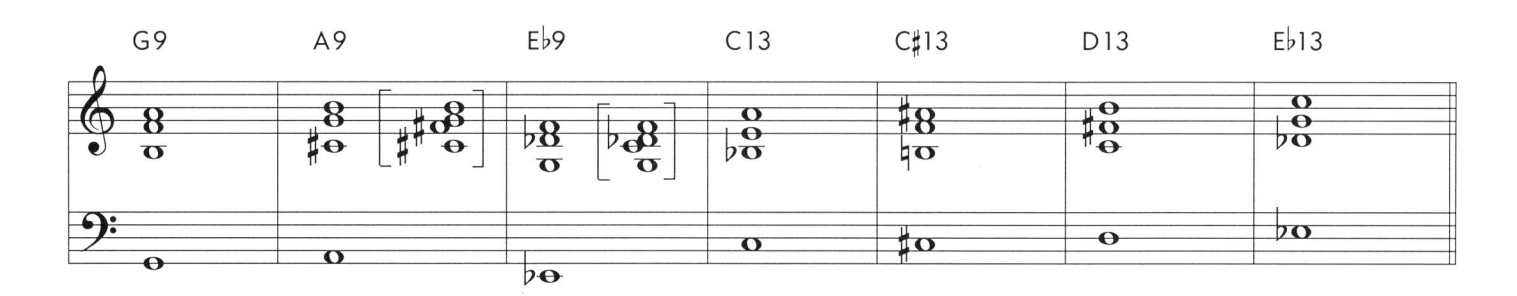

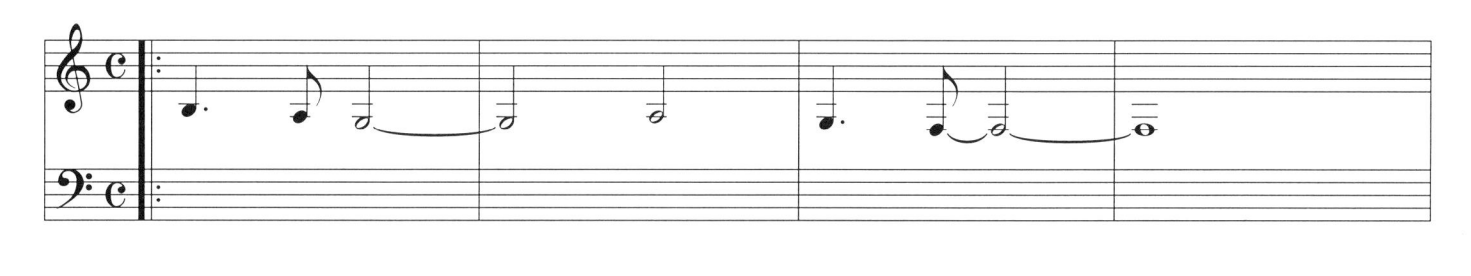

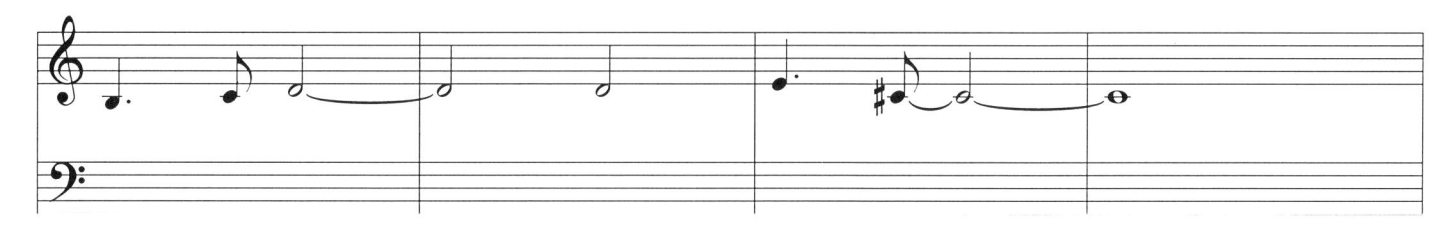

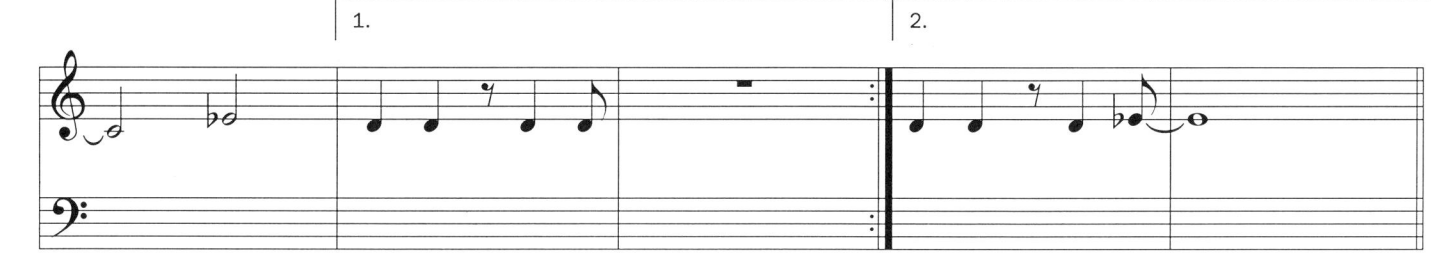

Aufgabe 1

Hörtraining im Selbststudium

A) Melodie

- Notieren Sie einfache, Ihnen bekannte Melodien ohne instrumentale Hilfe. Kontrollieren Sie dann das Notierte mit einem Instrument.
- Notieren Sie eigene Melodien, die Sie später zur Kontrolle auf einem Instrument spielen.
- Singen Sie Tonleitern auf- und abwärts, und zwar alle Dur- und Molltonleitern und die daraus abgeleiteten Modi (also ab der I., II., III. Stufe usw.)
- Singen Sie die Bluestonleiter.
- Singen Sie die pentatonische Leiter und die daraus abgeleiteten Umkehrungen (Modi).
- Notieren Sie einfache Rock-Baßlinien oder einen langsamen ›walking bass‹ über einen Blues. Sie haben es da vor allem mit Viertelnoten, Grundtönen und Akkordbrechungen zu tun.
- Notieren Sie Melodien von Stücken, die Sie zur Kontrolle irgendwo gedruckt oder notiert auftreiben können (in sog. ›Fake Books‹, gedruckten Arrangements oder Songbooks).
- Entdecken Sie irgendwo transkribierte Soli, schreiben Sie sie zuerst selbst ab, falls Sie an die Aufnahmen herankommen können und vergleichen Sie Ihre Transkription mit der schon vorhandenen. Wenn Ihnen das bei manchen Soli zu schwierig erscheint, studieren und analysieren Sie diese Transkriptionen. Welche Besonderheiten wurden wie notiert?

B) Rhythmus

- Für rhythmische Leseübungen sind Schlagzeugschulen sehr gut geeignet.
- Notieren Sie einfache, von Ihnen gehörte oder erfundene Rhythmen und geben Sie sie in eine Drum Machine oder einen Sequenzer ein. Prüfen Sie anschließend, ob das herauskommt, was Sie sich vorgestellt haben.
- Analysieren Sie Aufnahmen in bezug auf die Phrasierung. Wird binär oder ternär gespielt? (Siehe Seite 4).
- Interessant ist auch die Beschäftigung mit dem ›Mikro-Timing‹. Stellen Sie ein Metronom auf ein langsames Tempo (♩ = 60) ein. Singen Sie eine Rhythmusaufgabe mal ganz bewußt vor dem Metronomschlag (›vor dem Beat‹), mal ganz bewußt hinter dem Beat und schließlich genau auf den Schlag. Das Ganze nehmen Sie auf Kassette auf und hören sich das in Ruhe an. So bekommen Sie ein Gefühl für das besagte Mikro-Timing.

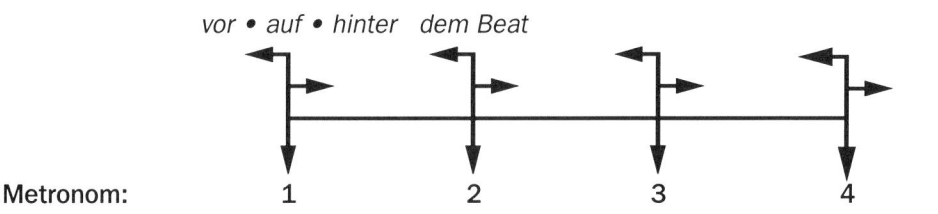

Analysieren Sie, welches Gefühl Sie bei den verschiedenen Möglichkeiten haben – vor, genau drauf oder hinter dem Beat. Was klingt für Sie relaxed, was unruhig, was schleppend, was treibend? Hören Sie sich daraufhin verschiedene Rhythmusgruppen an: spielen die MusikerInnen vor, hinter oder genau drauf? Ist das Mikro-Timing immer gleichmäßig oder schwankt es – mal vor, mal hinter dem Beat?
Letzteres ist oft der Grund, daß eine Band nicht swingt, ›nicht richtig losgeht‹ oder nicht groovt oder wie immer man das auch bezeichnen mag.

C) HARMONIE

Intervalle können Sie auch mit Hilfe von Ihnen bekannten Songs erkennen, so ist z.B. der Anfang des Liedes ›Maria‹ aus der ›Westside Story‹ eine übermäßige Quarte (Tritonus) aufwärts.

Stellen Sie sich hier eine eigene Liste von Liedanfängen für alle Intervalle auf- und abwärts zusammen.

	aufwärts	abwärts
kleine Sekunde		
große Sekunde		
kleine Terz		
große Terz		
reine Quarte		
übermäßige Quarte		
verminderte Quinte		
reine Quinte		
übermäßige Quinte		
kleine Sexte		
große Sexte		
kleine Septime		
große Septime		
Oktave		

- Singen Sie einen beliebigen Ton, den Sie 1. als Grundton, 2. als Terz, 3. als Quinte, 4. als Septime eines beliebigen Akkords deuten. Den Ton D könnten Sie als Septime von E7 nehmen und abwärts die Töne D, B, G♯ und E singen.
- Stellen Sie sich Ihre eigenen Übungen und Aufgaben auf einer Kassette zusammen. Dazu notieren Sie sich eine Reihe von Intervallen (mindestens 25), spielen sie und nehmen sie auf einem Kassettenrecorder auf. Nun fahren Sie das Band an eine zufällig gewählte Stelle zurück und notieren ab da die Intervalle.
Die gleiche Prozedur können Sie natürlich auch mit Skalen, Akkorden und Rhythmen machen.
- Für den Einstieg in das Hören von Akkordfolgen eignet sich Musik sehr gut, deren Harmonieschema meist auf Kadenzen aufgebaut ist, wie Folklore, Country & Western u.ä. Notieren Sie eine Akkordfolge und spielen Sie mit einem Harmonieinstrument zur Aufnahme mit, um das Ergebnis zu überprüfen.
- Prägen Sie sich den Klang der ›Jazz Kadenz‹, der II-V Verbindung, ein. Sie werden sie bald bei vielen Jazz Standards und vielen Bossa Novas wiedererkennen.
Achten Sie beim Abhören von Akkordfolgen oder mehrstimmigen Sätzen auf die Bewegungen der Stimmen im Baß sowie der Leittöne Terz und Septime. Dadurch sind größere Zusammenhänge schneller erkennbar.

D) TRANSKRIPTIONEN

Das Wiedererkennen von musikalischen Fakten und Informationen spielt in der Gehörbildung eine nicht zu unterschätzende Rolle. Mit etwas Logik und Kombinationsgabe ergibt sich das, was allgemein als ein ›gutes Gehör‹ bezeichnet wird.

Dieser Vorgang sieht z.B bei der Transkription eines Bluessolos so aus.

Vorhandenes Wissen könnte sein:

- Das Thema besteht aus zwölf Takten.
- Die Harmonien sind Varianten der I., IV, und V. Stufe:
  4 Takte I7, 2 Takte IV7, 2 Takte I7, 1 Takt V7, 1 Takt IV7, 2 Takte I7
- Im Jazz ist die Tonart meistens F oder B♭ Dur, im Rock meistens A oder E Dur.
- Einige Skalen zur Melodiebildung, wie Pentatonik oder die Bluesskala sind ebenfalls bekannt.
- Das Metrum ist meist ein 4/4 Takt.
- Ein Solo besteht oft aus Linien von Achtelnoten und Achteltriolen.

Aufgrund dieses Wissens kann ich mich verstärkt auf nicht bekannte Einzelheiten wie melodische Patterns und ähnliches konzentrieren.

Beim Spielen von Live Musik mit anderen MusikerInnen ist die musikalische Kommunikation aufgrund dieser Fähigkeit zum Wiedererkennen natürlich auch einfacher. Mit einem guten Gehör ist man in der Lage, musikalische Information schneller zu verarbeiten und eigene Ideen besser zu verwirklichen.

AKKORDSYMBOLE

Für Akkordsymbole gibt es keine verbindliche Norm, nur zahlreiche Konventionen. In diesem Buch wird eine Schreibweise verwendet, die häufig anzutreffen ist, daneben gibt es noch zahlreiche andere. Das folgende Notenbeispiel zeigt die zugehörigen Akkorde in Grundstellung – im ›echten Leben‹ tauchen natürlich alle möglichen Umkehrungen dieser Akkorde auf*.

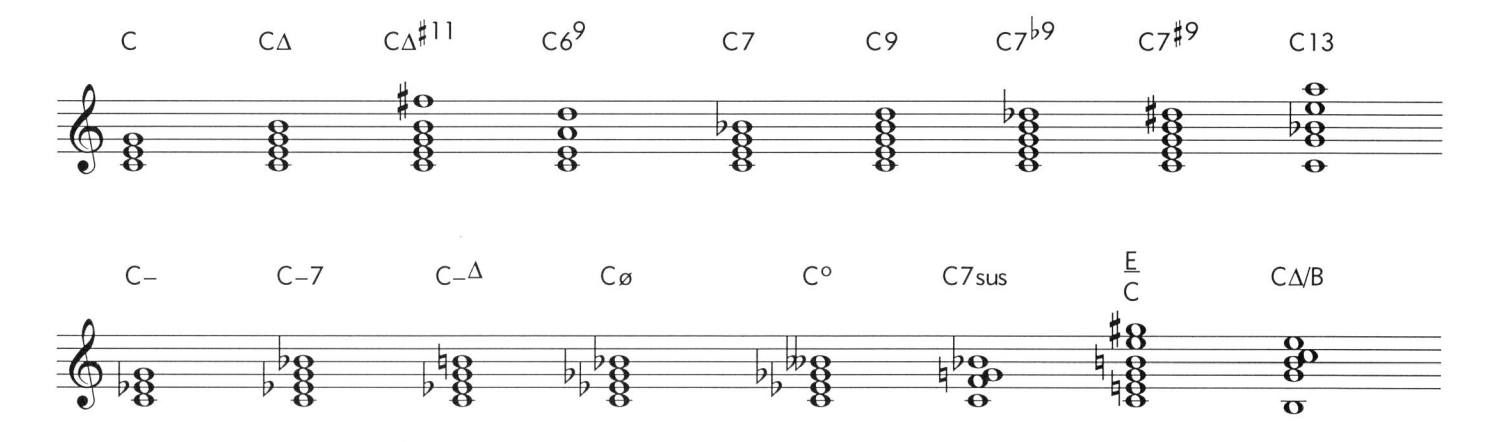

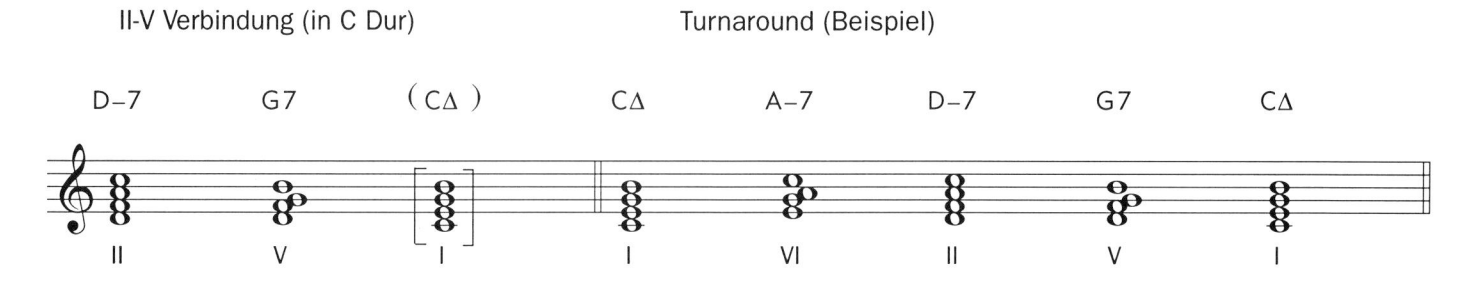

* Zum Thema Theorie und Harmonielehre empfehle ich Ihnen mein Buch "Jazz & Pop Musiklehre".

LEKTION 1

1A) MELODIE

Aufgabe 1

Aufgabe 2

Aufgabe 3

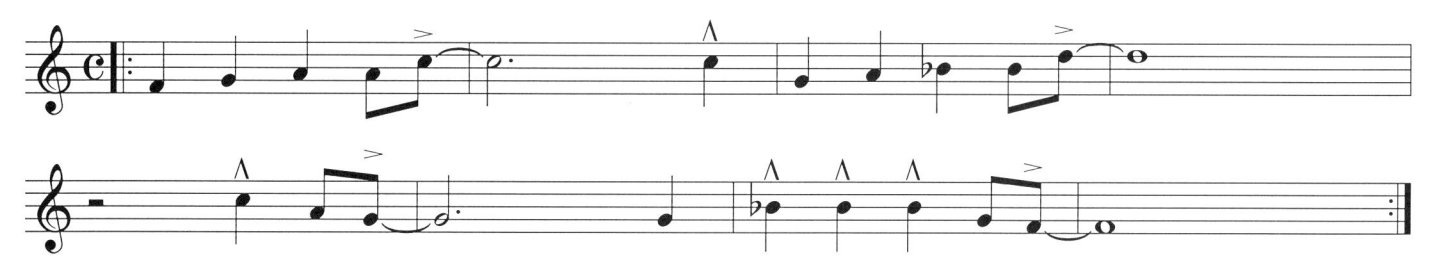

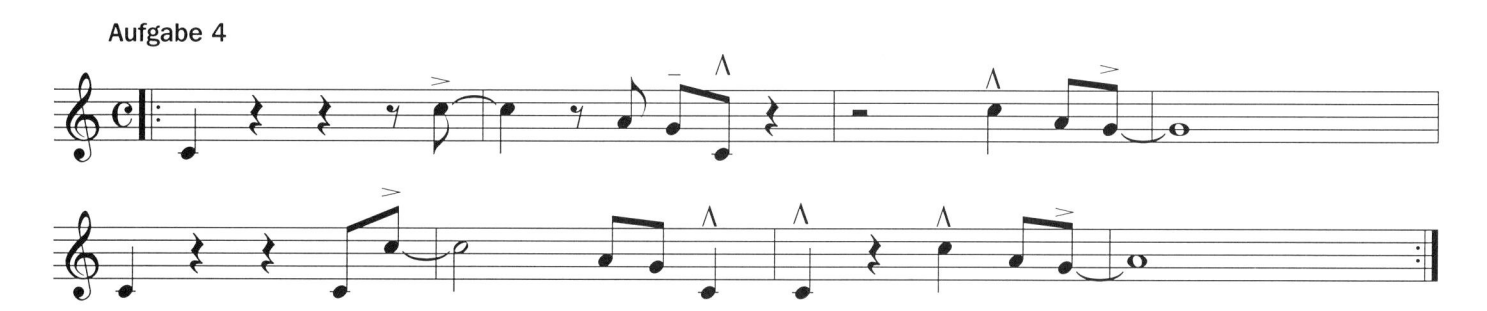

Aufgabe 4

1B) RHYTHMUS

Aufgabe 1

(Gitarre und Baß klingen eine Oktave tiefer! - siehe Einführung)

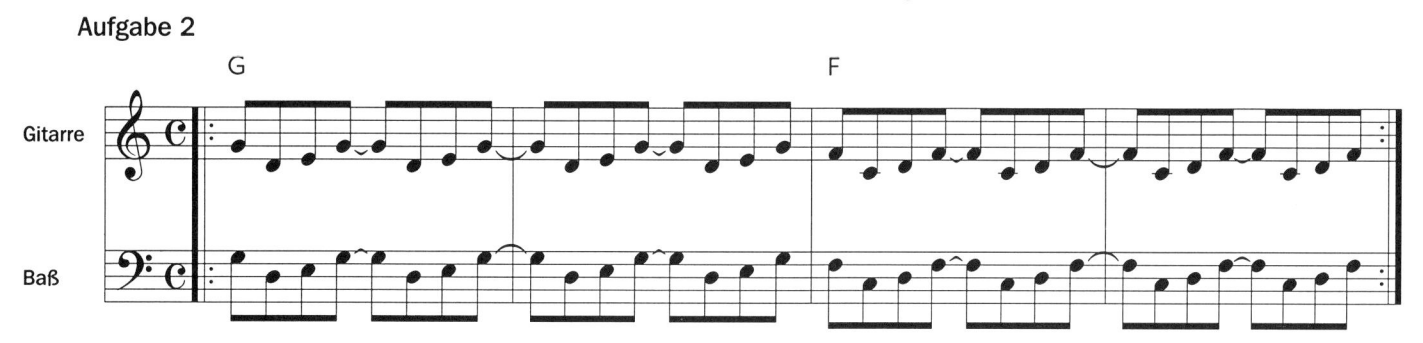

Aufgabe 2

Aufgabe 3

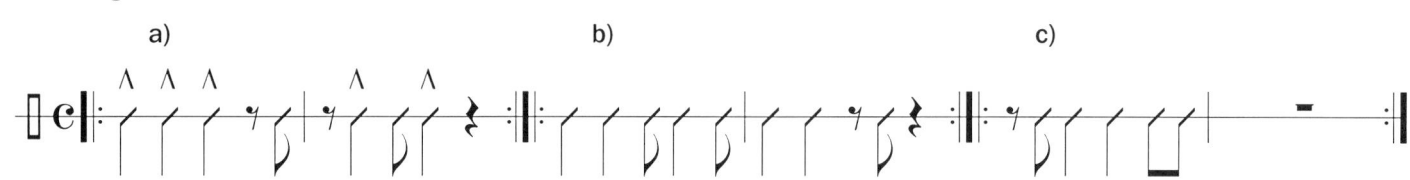

a) b) c)

1C) HARMONIE

Aufgabe 2

Aufgabe 3

Aufgabe 4

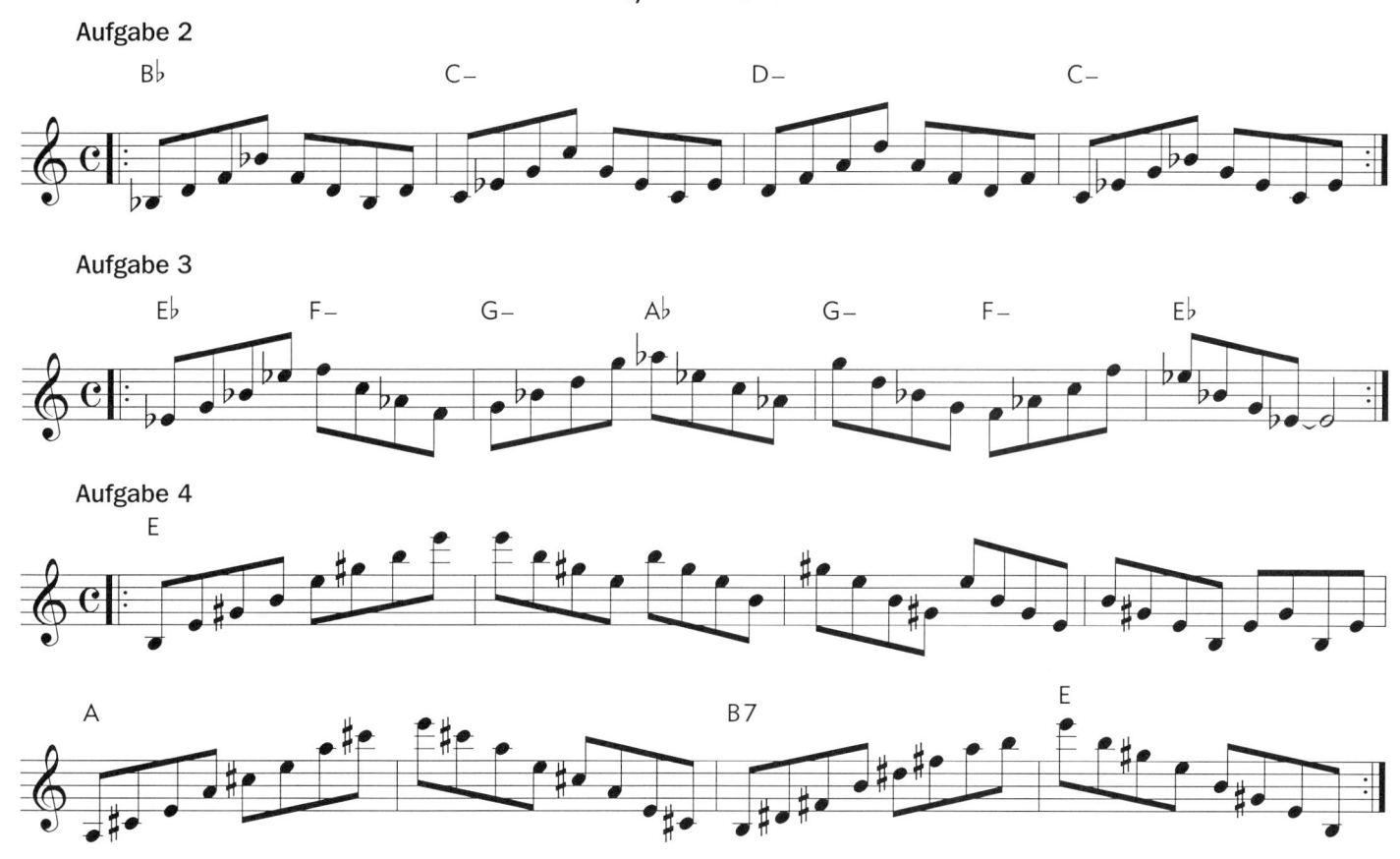

LEKTION 2

2A) MELODIE

Aufgabe 1

Baß

Aufgabe 2

Aufgabe 3

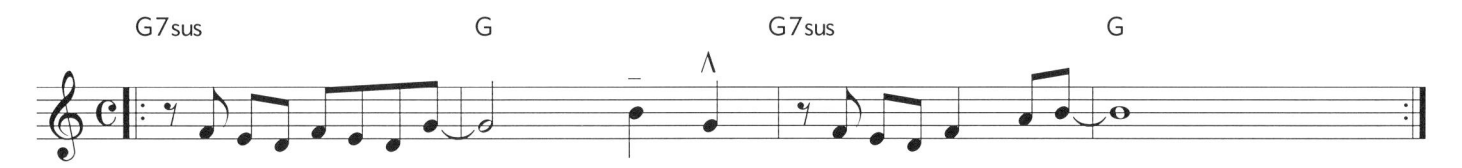

Aufgabe 4

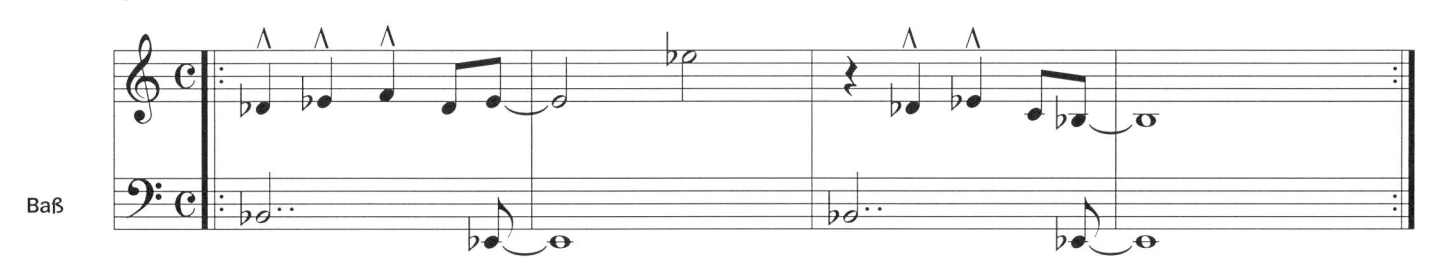

2B) RHYTHMUS

Aufgabe 1

Aufgabe 2

Aufgabe 3

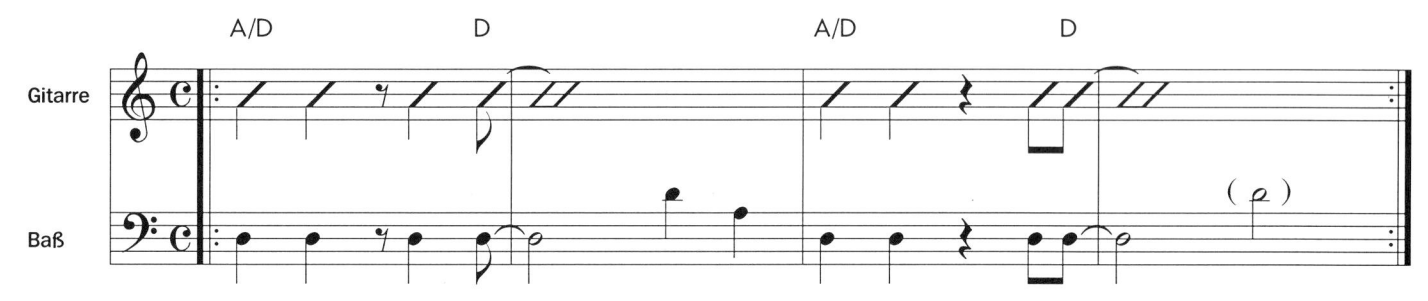

Aufgabe 4

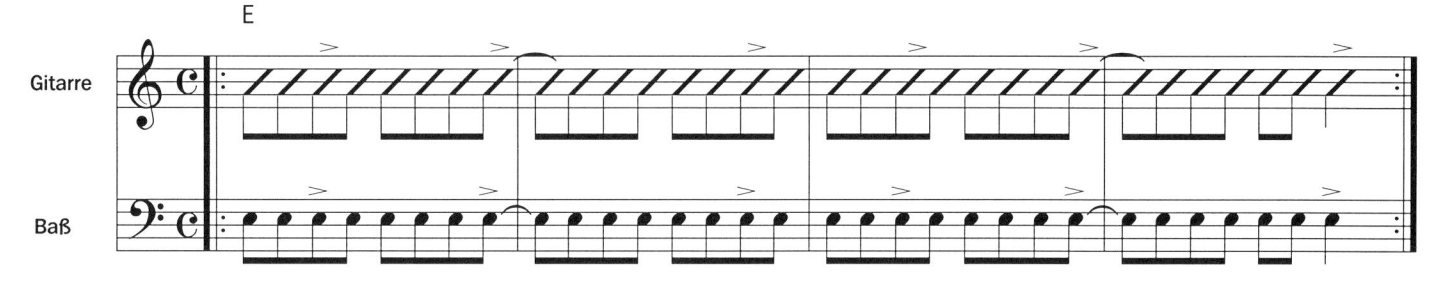

2C) HARMONIE

Aufgabe 1

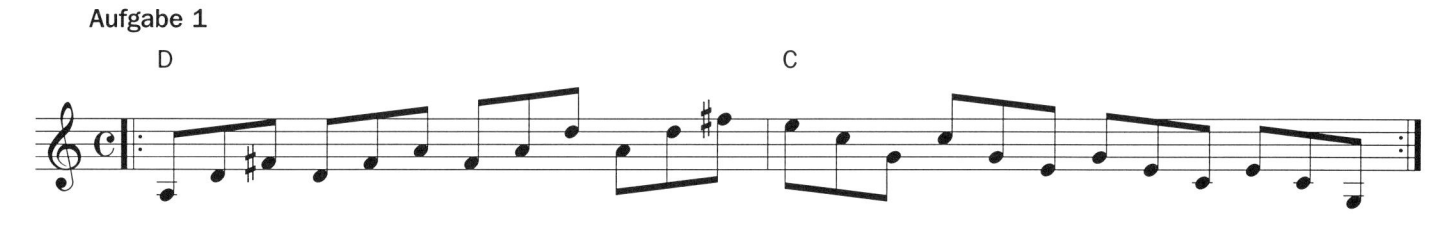

Aufgabe 2

a) der Anfangston ist E, gespielt wird die 1. Umkehrung von C Dur
b) der Anfangston ist G♯, gespielt wird die 1. Umkehrung von E Dur
c) der Anfangston ist F, gespielt wird die 2. Umkehrung von B♭ Dur
d) der Anfangston ist E, gespielt wird die Grundstellung von E Dur
e) der Anfangston ist G, gespielt wird die 1. Umkehrung von E Moll

LEKTION 3

3A) MELODIE

Aufgabe 1

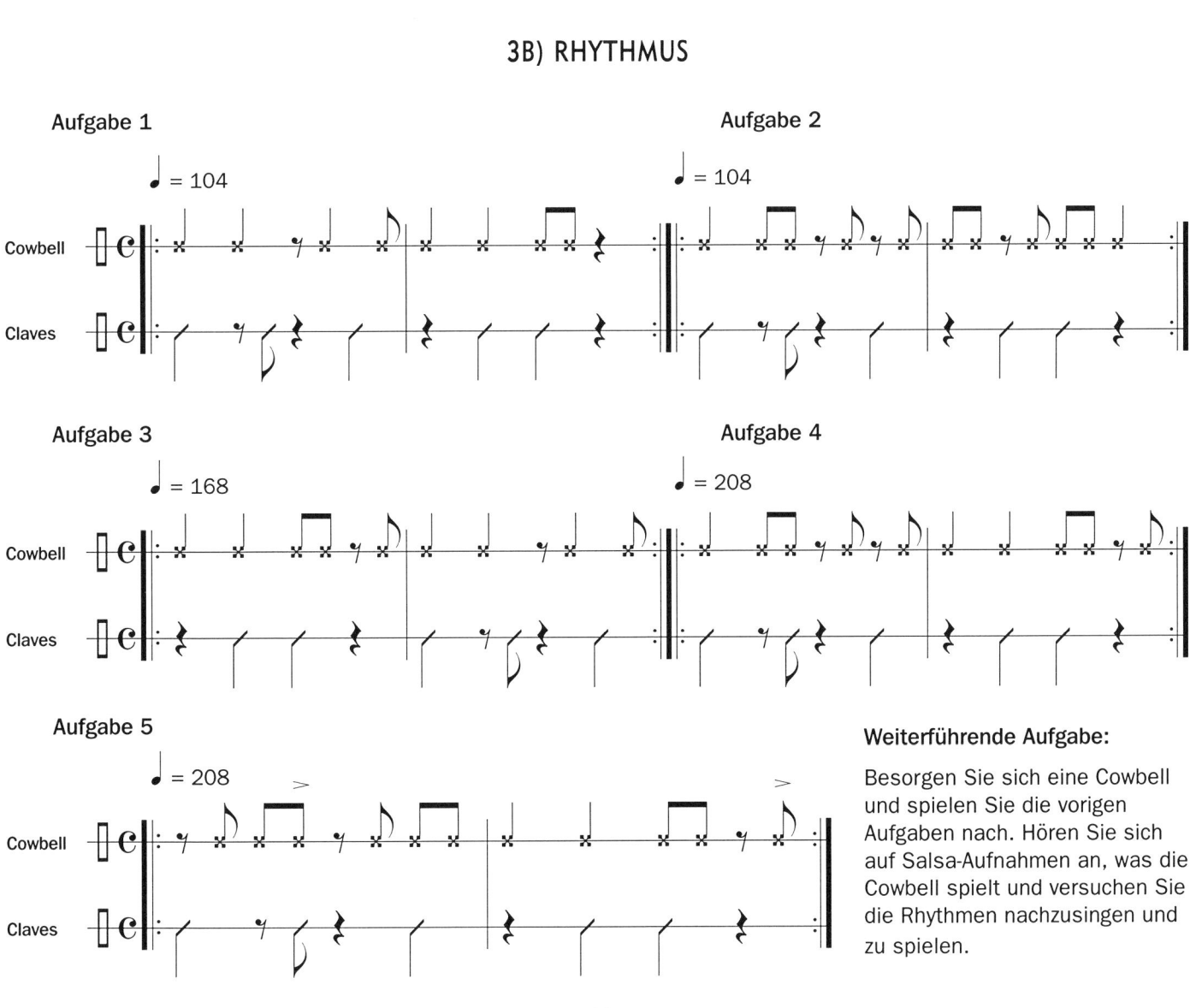

Aufgabe 2

Aufgabe 3

Aufgabe 4

Aufgabe 5

3B) RHYTHMUS

Aufgabe 1

♩ = 104

Aufgabe 2

♩ = 104

Aufgabe 3

♩ = 168

Aufgabe 4

♩ = 208

Aufgabe 5

♩ = 208

Weiterführende Aufgabe:

Besorgen Sie sich eine Cowbell und spielen Sie die vorigen Aufgaben nach. Hören Sie sich auf Salsa-Aufnahmen an, was die Cowbell spielt und versuchen Sie die Rhythmen nachzusingen und zu spielen.

3C) HARMONIE

Aufgabe 2

Aufgabe 3a　　　　　　　　　　　　**Aufgabe 3b**

Aufgabe 3c

Weiterführende Aufgabe: Singen Sie Akkordbrechungen von Mollakkorden in allen 12 Tonarten durch den Quintenzirkel (also ab C, dann F, B♭, E♭, A♭, D♭, G♭, B, E, A, D, G und wieder C). Singen Sie auch die Umkehrungen – ab Grundton, Terz und Quinte, auf- und abwärts.

Lektion 4

4A) MELODIE

Aufgabe 1

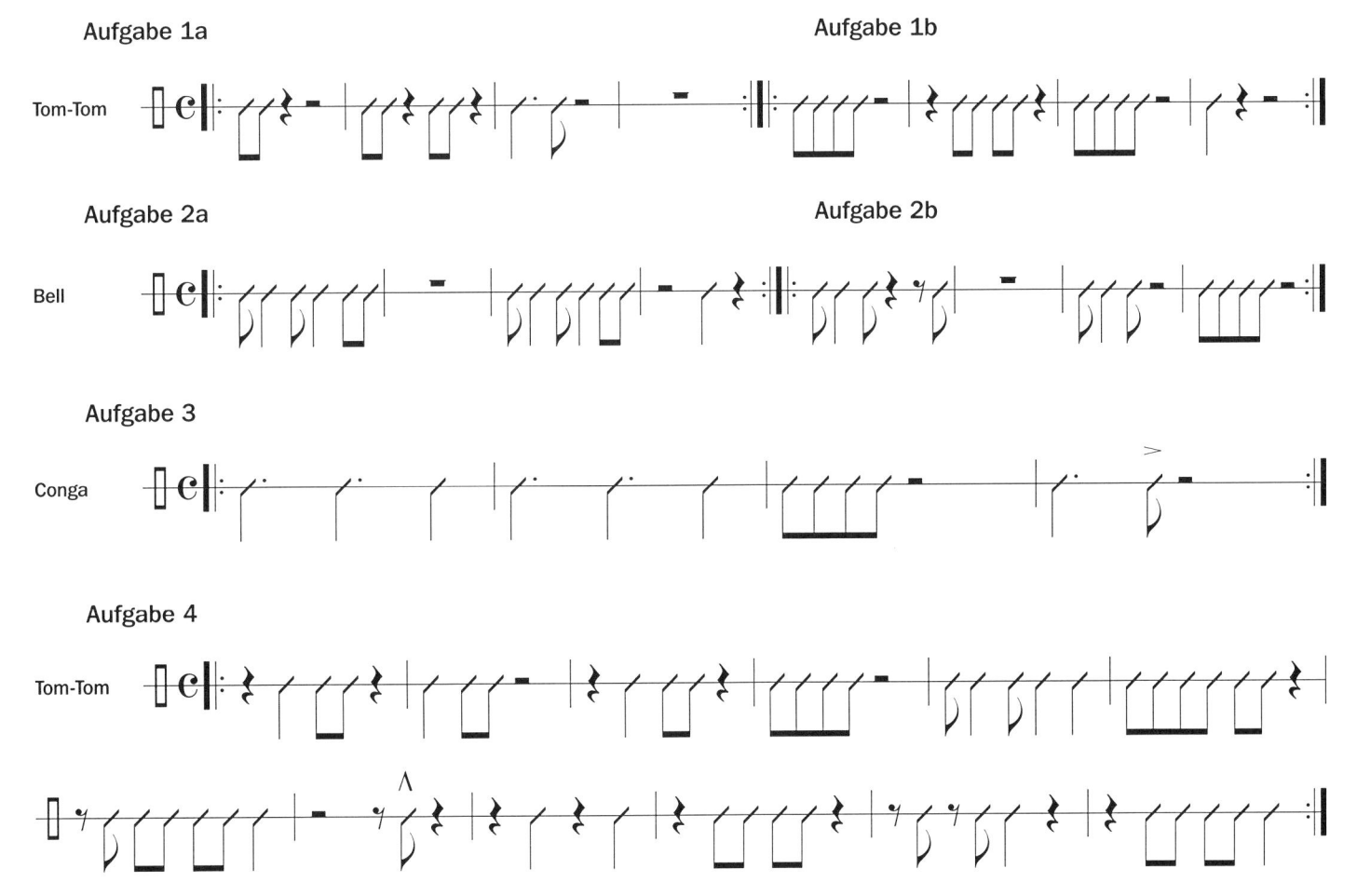

Aufgabe 2

4B) RHYTHMUS

Aufgabe 1a   Aufgabe 1b

Tom-Tom

Aufgabe 2a   Aufgabe 2b

Bell

Aufgabe 3

Conga

Aufgabe 4

Tom-Tom

4C) HARMONIE

Aufgabe 2

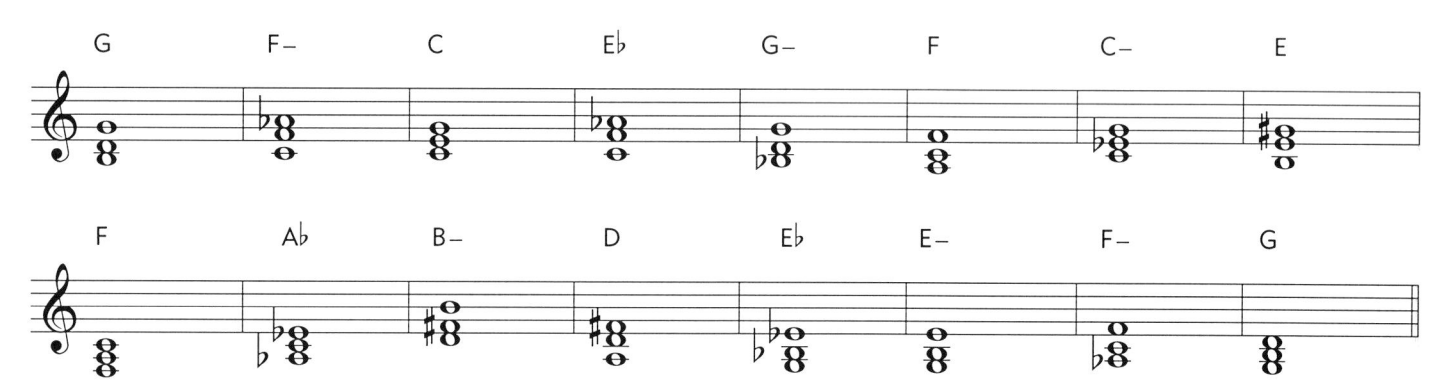

Weiterführende Aufgabe:

Singen und spielen Sie alle Umkehrungen der vorstehenden Dreiklänge, jeweils als langsame Viertel im 3/4-Takt. Geben Sie sich beim Singen die jeweiligen Grundtöne zuerst auf einem Instrument selbst vor. Benutzen Sie dabei ein viertaktiges Schema, z.B.:

LEKTION 5

5A) MELODIE

Aufgabe 1a

5B) RHYTHMUS

Aufgabe 1

Aufgabe 2

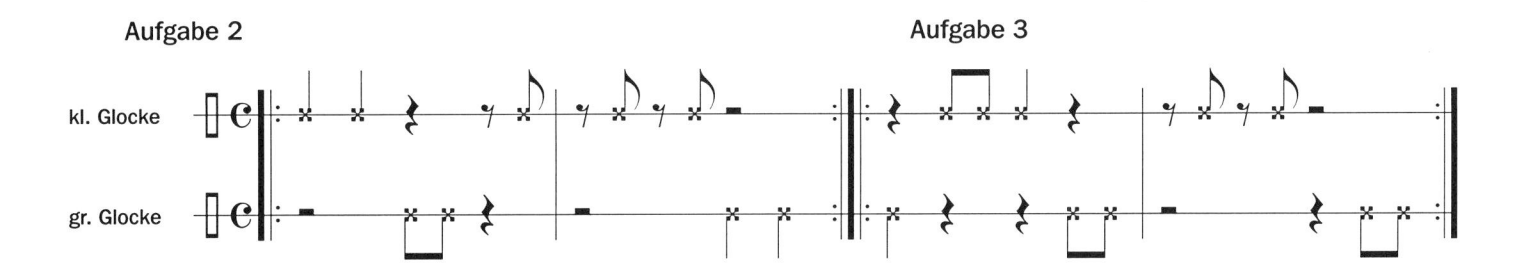

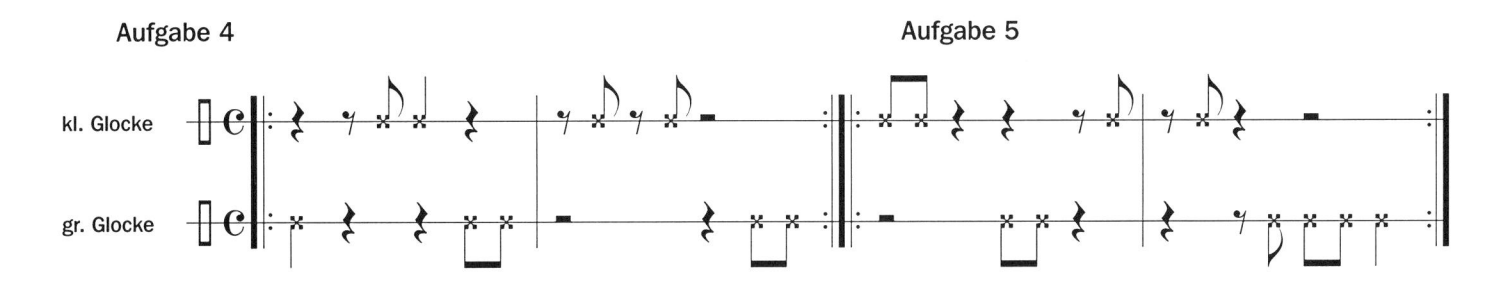

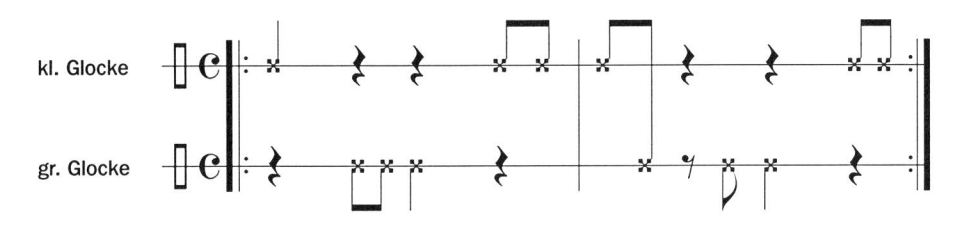

Aufgabe 3

Aufgabe 4

Aufgabe 5

Aufgabe 6

5C) HARMONIE

Aufgabe 3

1. Dom7   2. Dom7   3. m7   4. Dom7   5. m7   6. m7   7. m7   8. m7
9. Dom7   10. Dom7   11. m7   12. m7   13. Dom7   14. Dom7   15. Dom7   16. Dom7

Weiterführende Aufgaben:

Singen bzw. spielen Sie auf Ihrem Instrument Akkordbrechungen von Dur- und Mollseptakkorden.
Beginnen Sie dabei mit den folgenden Grundtönen:

D   E♭   E   F   G   A♭   A   B♭   B   C   C♯ (D♭)

Lektion 6

6A) MELODIE

Aufgabe 1

6B) RHYTHMUS

Aufgabe 1a   Aufgabe 1b

Aufgabe 2a   Aufgabe 2b

Aufgabe 3a   Aufgabe 3b

Aufgabe 1

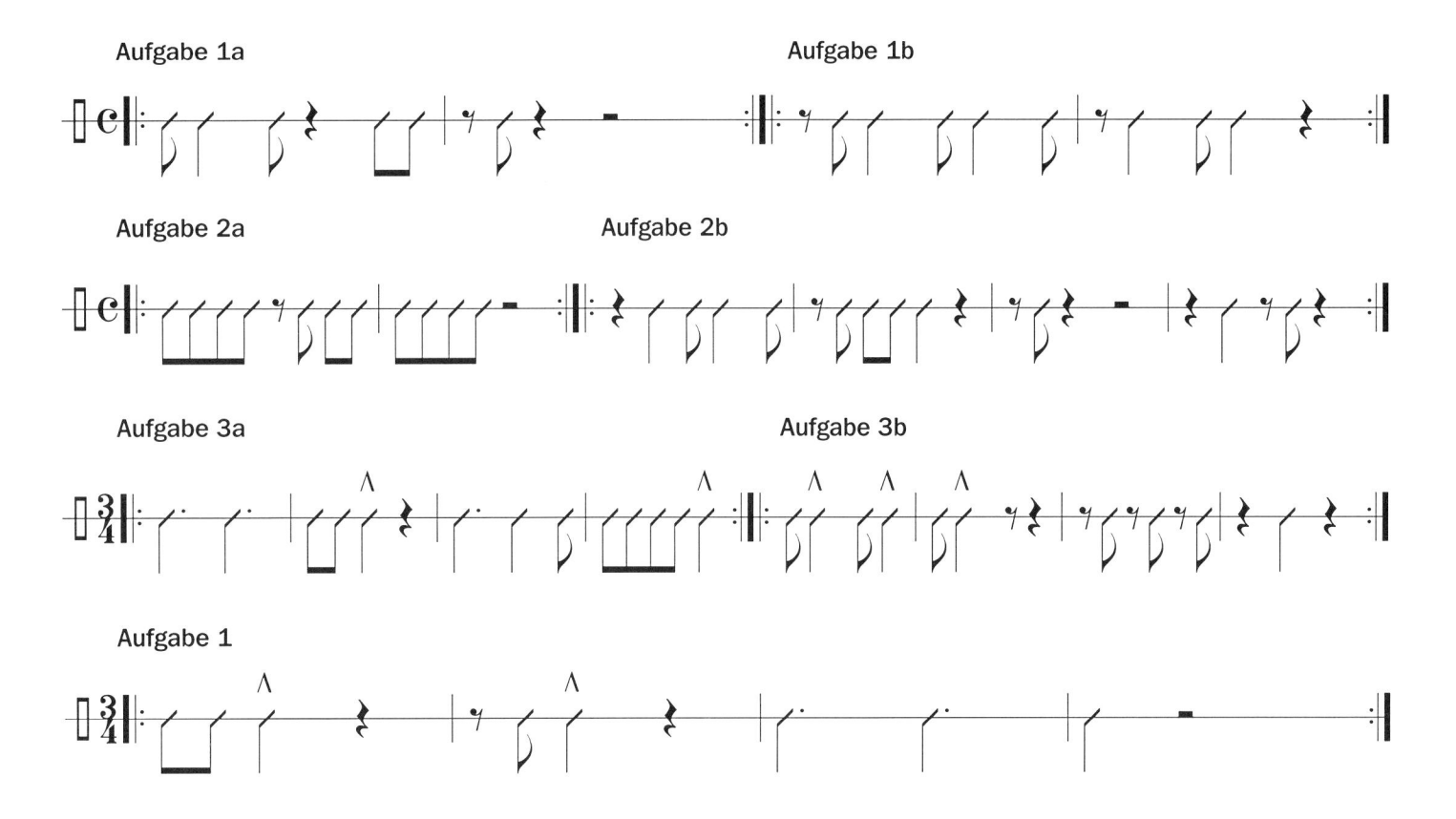

6C) HARMONIE

Aufgabe 1

Aufgabe 2

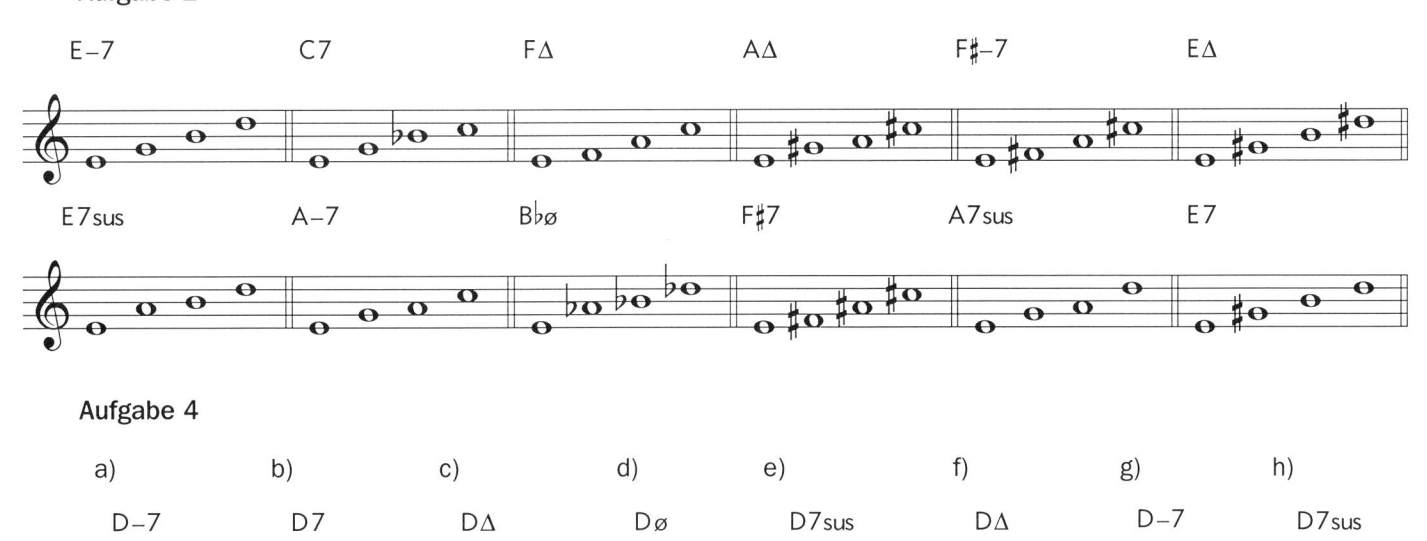

E–7   C7   FΔ   AΔ   F#–7   EΔ

E7sus   A–7   Bbø   F#7   A7sus   E7

Aufgabe 4

a)   b)   c)   d)   e)   f)   g)   h)

D–7   D7   DΔ   Dø   D7sus   DΔ   D–7   D7sus

LEKTION 7

7A) MELODIE

Aufgabe 1

7B) RHYTHMUS

Aufgabe 1

(2 Takte Drums Intro)

♩ ≈ 88 M.M.

7C) HARMONIE

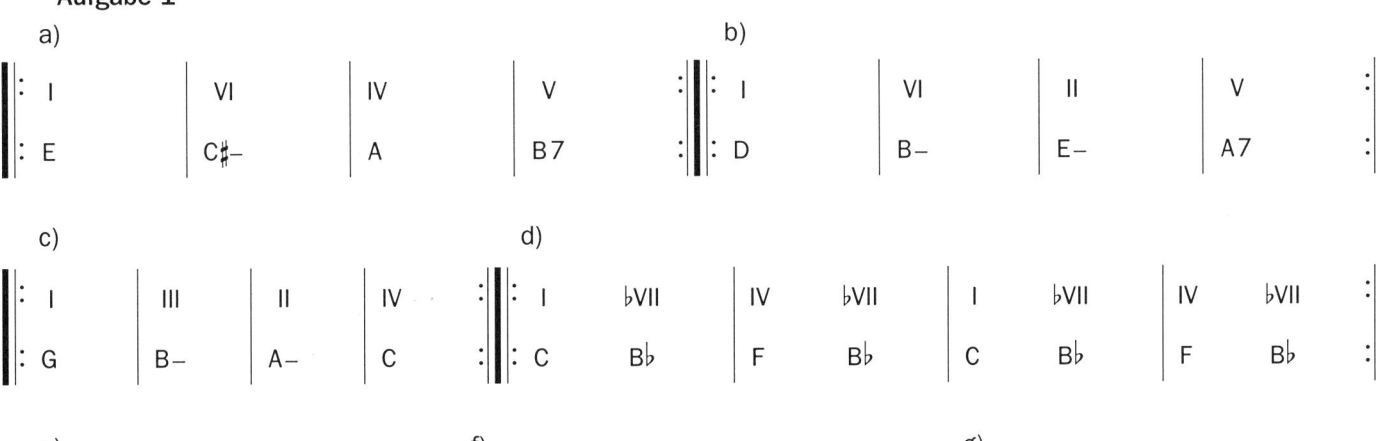

Aufgabe 1

a)
I	VI	IV	V
E	C#–	A	B7

b)
I	VI	II	V
D	B–	E–	A7

c)
I	III	II	IV
G	B–	A–	C

d)
I	bVII	IV	bVII	I	bVII	IV	bVII
C	Bb	F	Bb	C	Bb	F	Bb

e)
I	bII	II	bII
A	C	B	Bb

f)
I–	bVII	bVI	bVII
A–	G	F	G

g)
I	bII	I	bVII
A	Bb	A	G

- 57 -

LEKTION 8
8A) MELODIE

Aufgabe 1

Aufgabe 2

Aufgabe 2 ist aus der F Bluesskala gebildet. Spielen Sie selber Melodien, die auf dieser Skala basieren und übertragen Sie diese dann auch in andere Tonarten.

F Bluesskala:

Aufgabe 3a

Aufgabe 3b

Die letzten beiden Phrasen benutzen eine Skala mit chromatischen Durchgangstönen, die manchmal ›dominant bebop scale‹ genannt wird. In F sieht sie so aus:

Aufgabe 4

(Bluesskala)

8B) RHYTHMUS

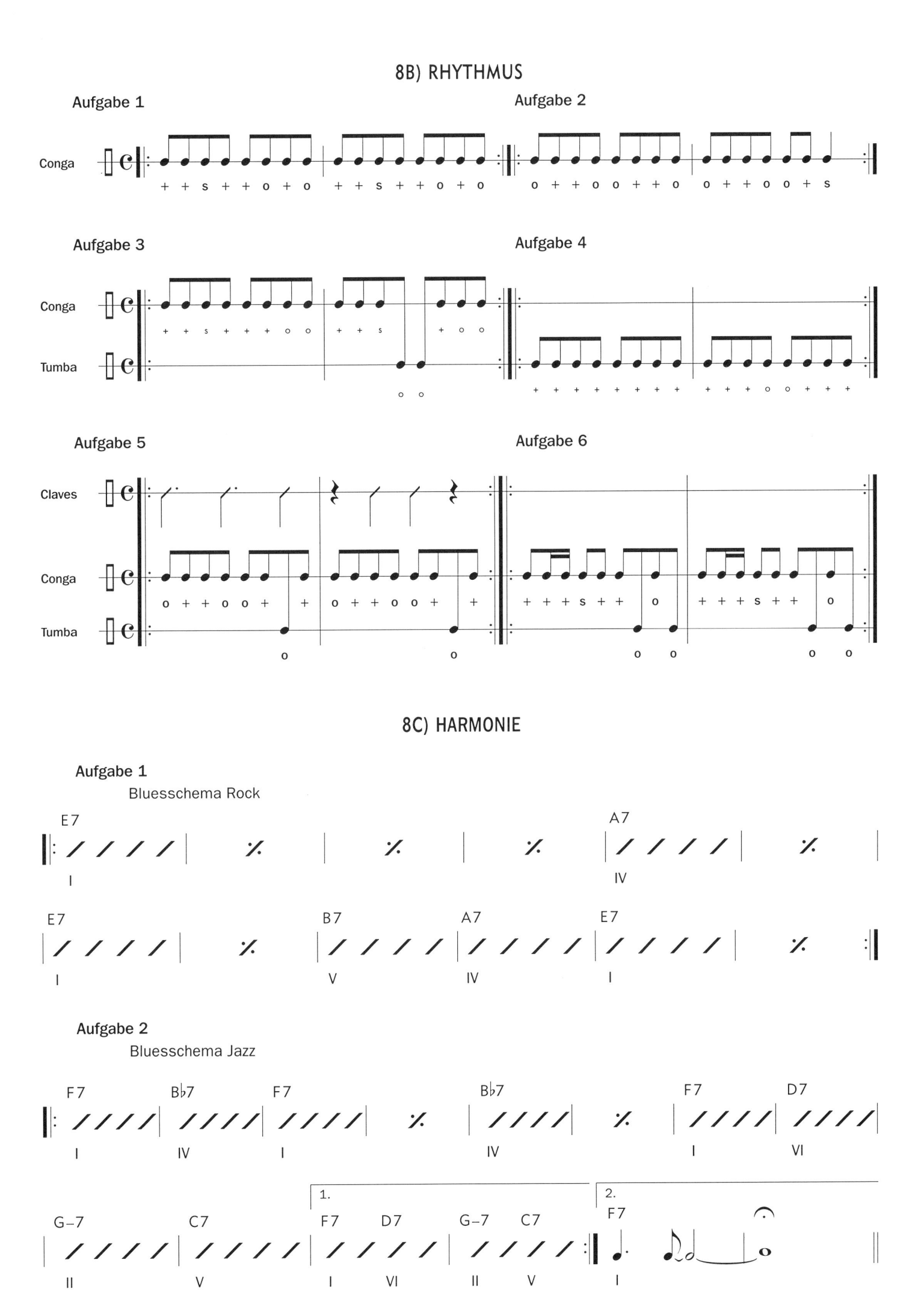

8C) HARMONIE

Aufgabe 1
Bluesschema Rock

Aufgabe 2
Bluesschema Jazz

LEKTION 9
9A) MELODIE

Aufgabe 1

E Moll Pentatonik

Aufgabe 2

A Moll Pentatonik

D7sus

C7sus

G Moll Pentatonik

Aufgabe 3

Aufgabe 4

Aufgabe 5

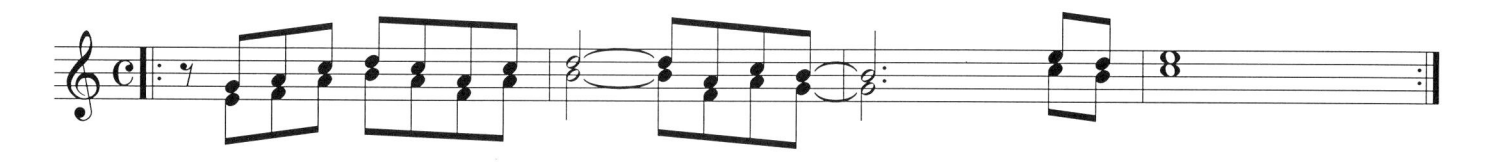

Aufgabe 6

9B) RHYTHMUS

Aufgabe 1

Aufgabe 2

Aufgabe 3

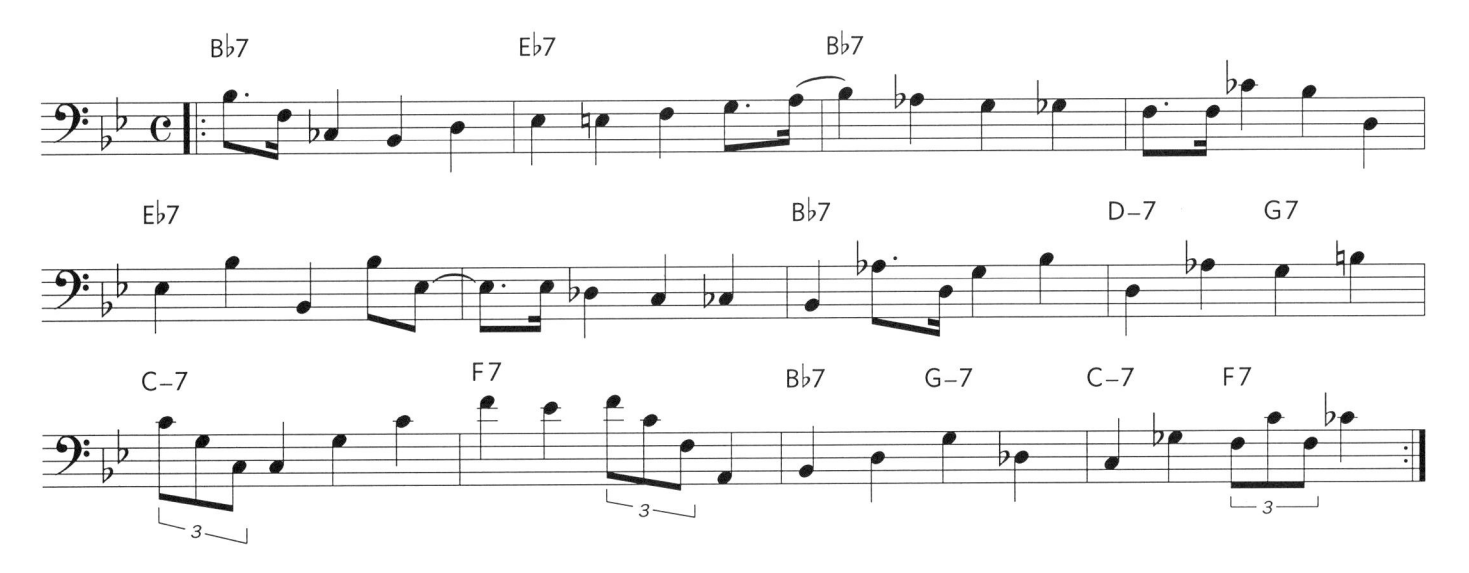

9C) HARMONIE

Aufgabe 1

Aufgabe 2

Aufgabe 3

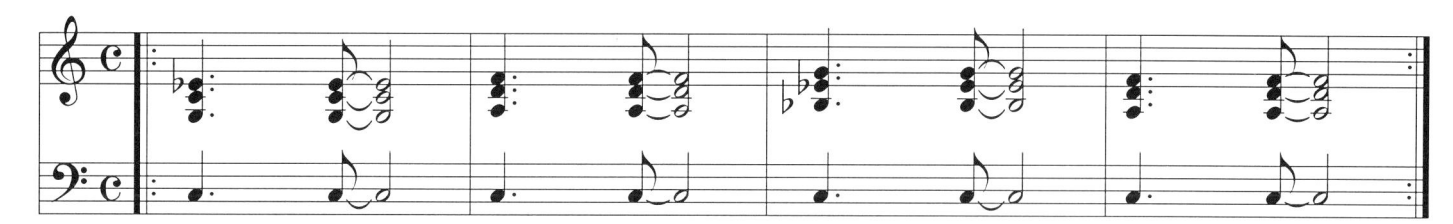

Aufgabe 4

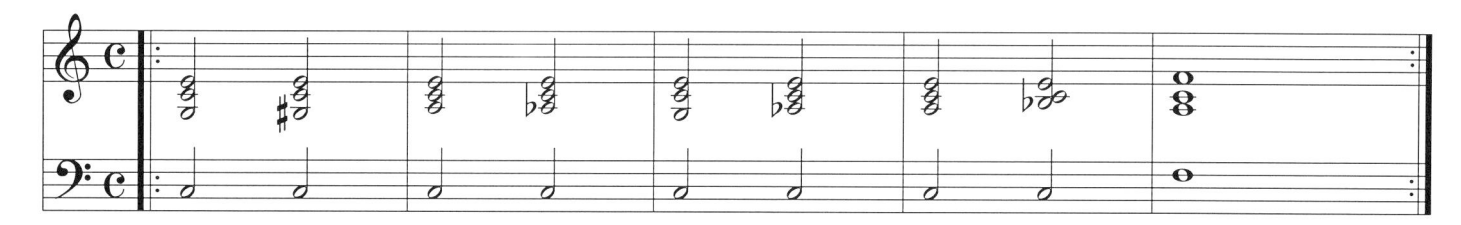

LEKTION 10
10A) MELODIE

Aufgabe 1

Aufgabe 2

Aufgabe 3

C7

F7   C7

G7   F7   C7

10B) RHYTHMUS

(Alle Aufgaben werden nach 8 Takten ausgeblendet)

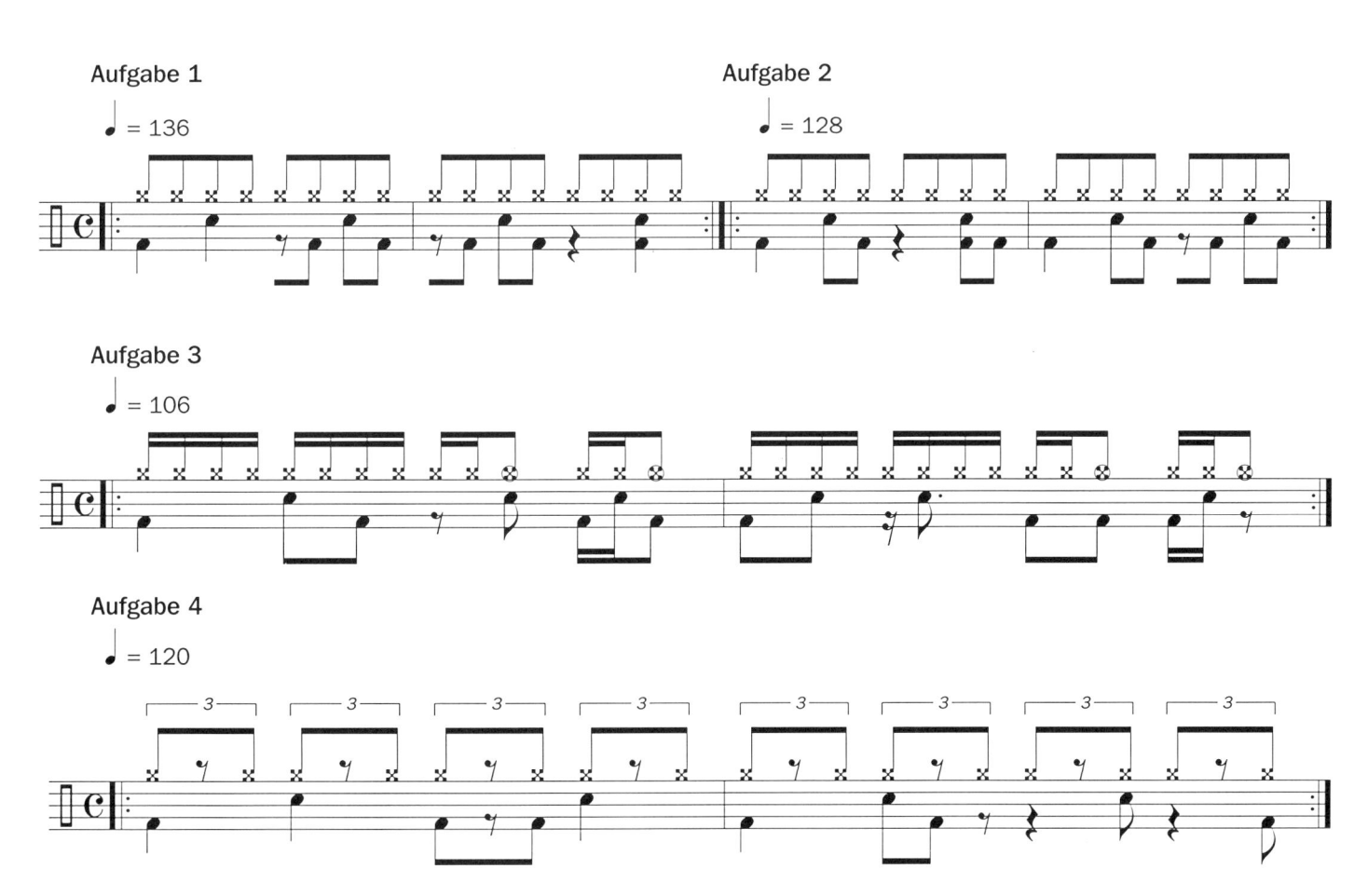

Aufgabe 1
♩ = 136

Aufgabe 2
♩ = 128

Aufgabe 3
♩ = 106

Aufgabe 4
♩ = 120

10C) HARMONIE

Aufgabe 1

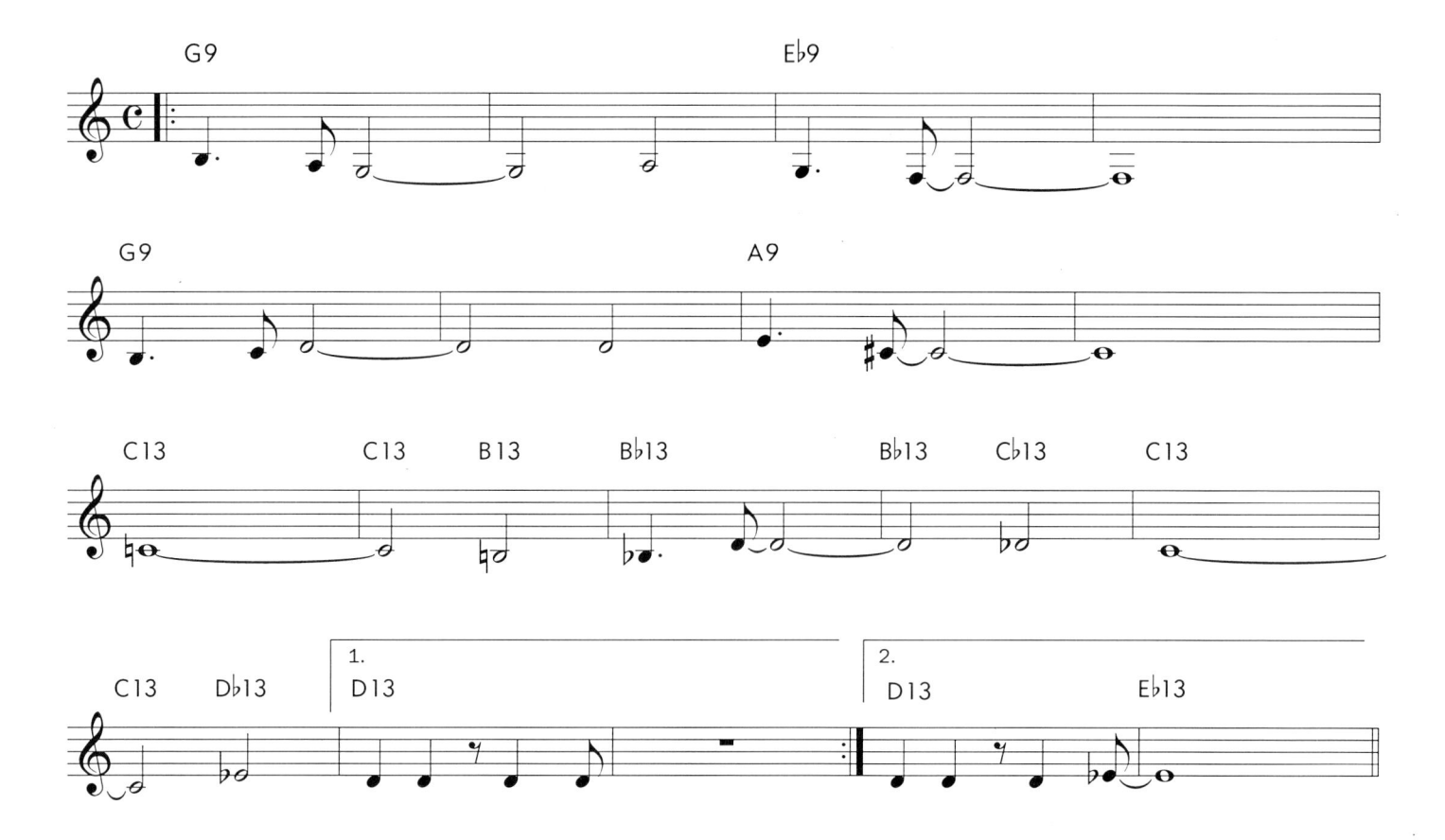